シン・老人力

和田秀樹

小学館

序章

日本を変える「シン・老人」のパワー

いつまでも若々しくありたい。生涯、元気で人生を楽しみたい。みなさんが願っているのは、ただ長生きすることではなく、好きなものを食べ、楽しいことをして過ごす時間を長くすることでしょう。

80歳や90歳になっても、年齢を感じさせない元気な人は近年、急速に増えました。私は30年以上、高齢者専門の精神科医を本業として、6000人以上の高齢者に接してきましたが、近年は「人生100年時代」を明るく前向きに楽しみたいという、新たなうねりや〝力〟のようなものを感じるのです。

ところが、マスメディアでは連日、日本の大問題のように高齢化が取り上げられます。あたかも日本社会の宿痾《しゅくあ》（なかなか治らない病気）であるかのようなひどい評され方も少なくありません。

「年寄りばかりで働き手が足りない」「老後資金が不足する高齢者があふれかえる」「今

の若者は将来、年金がもらえないから不公平だ」「要介護人口が増えたら国庫が破綻する」などなど……。煽《あお》っているわけではないのでしょうが、不安や不満は少しずつ、しかし着実に、広い世代に蓄積しているように思えます。

厚生労働省の統計によれば、私が生まれた1960年、日本の全人口の平均年齢は約29歳、成人となった1980年は約34歳でした。これが、2022年に海外で公表されたデータによると48・6歳になっています。

それだけ若い人や子どもがいなくなって、年寄りが増えたわけです。詳しい数字は後でまた述べますが、今、日本人の約3割が65歳以上の高齢者です。

さらに現在、65歳の女性の2人にひとり、男性も4人にひとりは90歳まで生きると推定されています。人生100年時代はキャッチフレーズや宣伝文句なんかではなく、すでに現実のものとなっていると考えて備えたほうがよさそうです。

高齢者人口の急速な増加は、従来の社会構造を大きく変え始めています。増加するばかりの社会保障費、医療や介護、福祉などの制度の問題、労働人口の減少と経済が低迷・縮小していく問題など、社会が大きく変わらなくては解決できない課題が山積みです。

国は、高年齢者雇用安定法を改正し、70歳までの就業機会を確保するよう企業側に要請していますo社会保障費を抑えるだけでなく、高齢者の生産性を上げることによって、低迷する経済を上昇へ転じさせようという狙いもあるでしょう。

●再び繁栄できるか、このまま衰退か

しかし、生産性を上げることで景気浮揚を図ろうという国の考え方は、明らかに時代遅れでしょう。消費をはるかに超える過剰な生産になっているのが日本の現状です。生産性を高めれば高めるほど、モノは余り、消費不況は続きます。

今、日本が再び繁栄できるのか、それともこのまま衰退していくのかという岐路に立っているのは事実でしょう。その大事な局面で「生産性神話」を奉じたままでいいのか、と私は主張し続けています。

古い価値基準に照らして、高齢者を社会のお荷物と見る風潮が続いているのです。

このまま進むと「生産性の落ちた高齢者は自己責任だから、長生きできないのは仕方がない」と、医療や年金が制限されるような事態も現実になりかねません。人間を生産性第一という観点で見る限り、今後さらに危険な方向に進むのは明白です。

本格的な「人生100年時代」の到来を前に、「これからは人の価値を生産性で測るような愚かなことはやめよう」と価値基準を見直さなければなりません。

私は、増え続ける高齢者のパワーこそが、閉塞状態にある日本経済を救う原動力になると考えています。

世間では「高齢者は衰えていく一方であり、生産しないしお金も使わない、社会の負担となる存在」と捉えられがちですが、ここに大きな誤解があります。

そもそも「高齢者」とは何か。日本を含む多くの国で65歳以上とされていますが、これはWHO（世界保健機関）がそう定義しているからにすぎません。

●「2000兆円」の7割をもつ〝最強の世代〟

現代の高齢者は、一般にイメージされるより、ずっとずっと元気で活動的です。

少なくとも60代、70代の大半は、身体機能も認知機能も若い世代と比べてもほとんど遜色ありません。

個人差は大きいものの、ほかの世代に比べて、お金に余裕がある人も多いようです。

現役時代、日本経済が今よりずっと強かったからでしょうが、約2000兆円に上る日本の個人金融資産のうち、7割を60歳以上がもっているとされています。

日本が経済力で世界を席巻していた時代を支えてきたわけですから、相応のお金を貯《たくわ》えています。日本の高齢者はいろいろな意味で、むしろ〝最強の世代〟と呼べる存在ではないでしょうか。

それなのに「高齢者はお金を使わない」と、不況の元凶のように言われます。

仮にお金を使わないとしても、それは買いたいモノや使いたいサービスがないことが最大の要因です。現役時代に、質の高い衣食住を享受してきた世代なのに、旧来の「高齢者」のイメージから抜け出せない、いかにも年寄りじみたモノやサービスばかりがあふれかえっているのですから、使いたくない気持ちも理解できます。

旅行であれグルメであれ住宅であれ、高齢者の琴線に触れるモノやサービスがどんどん充実してくると、しっかりお金を使う人たちが増えてくるはずです。

批判の矛先はモノやサービスを提供する側に向けるべきであって、消費者に向けるべきではありません。

少し乱暴な言い方ですが、お金を使うと、人は元気になります。高齢者も例外ではありません。意欲をもって積極的に行動する、何かを面白がって前向きに楽しもうとすることで、心とからだの老化のスピードが抑えられます。ガンや認知症などのリスクを下げることにもつながります。

また、やや太めの体型の人のほうが健康長寿であることも明らかになっていますが、栄養摂取の面でも、過剰よりむしろ不足の害のほうが高齢者には大きくなります。

つまり、高齢期に豊かな食生活をヘタにがまんして節制すると、栄養不足に陥って病気になりやすく、また、かえって老化も早めてしまう可能性が高いのです。

高齢になったら、もっと自分らしく好きに生きる。これこそ高齢者が長く元気でいるためのシンプルな秘訣《ひけつ》です。わがままなくらいでちょうどいいと思ってください。

●元気で活動的な高齢層が「シン・老人」

現在、日本人の平均寿命は男性が約81歳、女性は約88歳です。一方、心身ともに自立していられる「健康寿命」は、男性が約73歳、女性が約75歳なので、統計的には9～12年間、多かれ少なかれ身の回りのことを誰かに頼って過ごすことになります。

ときどき誤解されますが、この期間は「健康上の問題で日常生活が制限される平均期間」であり、病気や認知症で寝たきりになるという意味ではありません。

この「健康寿命」をできるだけ延ばすことが大切なのは、あらためて言うまでもありません。高齢者各々にとっても日本社会にとっても、です。

高齢者各々にとっては、人生の仕上げとも言うべき時期を、より自分らしく、幸せに満喫したいものです。そのためには周囲にもっと甘えていい。

「迷惑をかけてはいけない」という思い込みは捨てましょう。

日本社会にとっては、元気な高齢者がお金を使うことで、経済が活性化するばかりか、医療費や介護費が必要になる時期を遅らせることにつながります。

それには現在、高齢期を迎えている人や、これから高齢期を迎える人が、自分たちの力を信じて、それをしっかり世の中に投影していくことも必要です。

高齢者と日本社会が今後も幸福であり続けるためには、高齢者を「すでにリタイアして、社会から降りた人」として扱う考え方や、世の中の仕組みを変革しなくてはいけません。まずは高齢者自身の意識が変わっていくことも大切です。

元気で自立し、消費者としても大きな存在となっているのが、今の高齢層です。一昔前なら「老人」と言われていた年齢層の人たちも、今は健康面でも経済力でも、30〜50代にひけをとるものではありません。

この元気で活動的な高齢層を、本書では、近年話題となった作品のタイトルになぞらえ、「シン・老人」と名づけたいと思います。

世界中のどの国も経験していない長寿社会を、旧来の常識や価値観に縛られて生きていては、幸福に暮らすことはできません。人生100年時代の主役となるのは、旧来型の老人とは違う、シン・老人たちです。

●シン・老人による価値観の〝再革命〟

誤解を恐れずに言えば、シン・老人とは「不良老人」であるべきです。法律やルール、モラルを守らないという意味ではありません。真面目に一生懸命働いてきた人が、その意識の延長で、コツコツと健康づくりに励んだり節約して貯金したりするのではなく、もっともっと自由気ままに、好きなことをして暮らしていいという意味です。

旧来型の価値観に照らせば、「年甲斐もない」と言われるようなチャレンジもどんどんするべきです。「もう歳だから……」という理由で、やりたいことを諦めるのは絶対にやめましょう。このフレーズを口にした瞬間、老化が進むといっても過言ではありません。

日本経済が右肩上がりだった時代を生きてきた今の60代、70代は、今の日本はさまざまなしがらみと常識が絡み合って、息苦しい社会になっていると感じているのではないでしょうか。

1960年代、世界中で若者たちが、既存の価値観に対して同時多発的に反乱を起こしました。政治的にも文化的にも、旧来の〝常識〟に対して「NO!」を突きつけたのが今の70代、それを見ながら変革の波にのってきたのが今の60代です。昨今の日本社会に息苦しさを感じていないはずがありません。

そんな閉塞状態を打ち破るのは、不良的に生きるシン・老人たちによる、価値観の〝再革命〟です。「人生100年時代」に適応するには、健康に対する考え方から、社会との関わり方まで、旧来の常識から脱して、時代の価値観を転換することが求められます。

今の高齢層は本質的に、自分たちの実感以上に、経済力であれ、発言力であれ、体力や行動力であれ、世の中にインパクトを与えるパワーをもっています。

それがシン・老人たちのもつパワー、いわば「シン・老人力」です。まずは元気な期間をできるだけ長く保ち、その力を十分に発揮していただきたいと思うのです。

●80代から「パワー」を「脱力」に変更

高齢者ならではの「力」と言えば、かつて流行語となり、大きな話題を呼んだ「老人力」が頭をよぎる人も多いのではないでしょうか。

それまでは「耄碌《もうろく》」「ボケ」などと言われ、ネガティブに捉えられていた老化による衰えを「老人力がついてきた」と言い換えて、ポジティブなイメージに変換したのは、美術家・作家の赤瀬川原平《あかせがわげんぺい》さんです。

もっとも赤瀬川さんが提唱した「老人力」はパワーとしての力ではなく、「脱力」を意味していました。

後の章で詳しく触れますが、高齢者にはそんな「脱力」がたしかにあります。

いつまでも若々しく元気であり続けたいと行動していても、いずれは老化による脳や肉体の衰えと向き合う時期がやってきます。もの忘れがひどくなったり、足元がおぼつかなくなったりもします。これは自然の摂理なので避けることはできません。

85歳あたりを過ぎてくれば、脳にアルツハイマー型の変化がない人はいません。また、体中を探せば小さなガンのひとつや二つ、必ず見つかるでしょう。

それでも「力を抜いて、自分らしく生きる力」が、人間には本質的に備わっているので、にこやかに暮らし続けることができます。これこそが赤瀬川さんの伝えたかったことであり、「老人力」そのものと言えそうです。

人生１００年時代では、定年後のいわゆる高齢期が30〜40年ほど続き、社会人としての現役生活と同じくらい長くなります。60代、70代の元気で活動的な「パワー」としての「力」から、80代、90代でつく「脱力」としての「力」へと、「力」のあり方を変更することも必要です。

どちらの力も、これから私が解説する「シン・老人力」のひとつですが、ほかにもいろいろな観点から、「シン・老人力」の重要性について、説いていきたいと思います。

世界基準に照らした医学的な方法論だけでなく、30年以上にわたり、６０００人以上もの高齢者と向き合ってきた私の経験則に基づき、本書では「シン・老人力」をつけるための具体的な方法も提案していきます。

目次

序章

日本を変える「シン・老人」のパワー

第1章

新たな活力を生む「シン・老人」の登場

第2章

「シン・老人」は生涯現役で健康長寿

第3章

「趣味」「人間関係」「食事」を進化させる

第4章

イヤなことをせず好きをがまんしない

第5章 愛される高齢者が備える「ボケ力」

第6章

「シン・老人」が口グセにしたい言葉

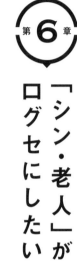

終章

ジャパン・アズ・ナンバーワンを取り戻す

第1章

新たな活力を生む「シン・老人」の登場

ポイント1

長生きよりも「元気でいること」が肝心

私が高齢者専門の精神科医として患者さんを診療するようになったのは、1980年代の後半です。今、私も60歳を超え、そのころ診察室で向かい合っていた患者さんの年齢になってきて、ときどき当時のことを思い出してみるのですが、高齢者の様子は、今とはまったく違っていました。

当時、60代といえば、身なりや容貌に「おじいちゃん」「おばあちゃん」の雰囲気が漂いました。還暦祝いの赤いチャンチャンコがいかにも似合いそうだという印象です。70代ともなると、腰も曲がり、歩幅も小さくなるなど、佇《たたず》まいからしてすっかり老け込んでいたものです。高齢者の典型的なイメージは、「定年後に孫の世話をしながら余生を過ごす」というものでした。

定年は60歳が一般的になっていましたが、後述するように男性の平均寿命は70歳半ばでしたから、定年後、10年ほどで〝お迎え〟が来るというイメージがあり、文字どおりの余生だったのです。

今はまったく違います。60代、70代であれば診察室の患者さんも、講演会などで出会うみなさんも、いかにも老人らしい雰囲気の人はまず見かけません。80代でも元気な人が増えました。どの世代も三十数年前に比べ、今は圧倒的に若々しく活動的です。また、身につけている物もずっとお洒落になっています。

それだけに還暦の贈り物にもセンスが問われます。私の友人は還暦祝いに赤いスマホケースをもらって自慢していましたが、赤いチャンチャンコがお祝いになるような時代ではないようです。

日本の敗戦から2年後、1947年の平均寿命は男性で50・06歳、女性で53・96歳でした。「団塊の世代」（1947年〜49年生まれ）が誕生したころは、そんな時代だったのです。

2025年には、「団塊の世代」が全員75歳以上の後期高齢者になる見込みですが、この間、驚くほど平均寿命が延びました。男性70歳、女性75歳を超えるのは1970年代前半のこと。80年代後半の時点で、平均寿命は男性75〜76歳、女性が81〜82歳といったところでした。その後、伸び方こそペースダウンしましたが、現在は男性81・47歳、女性87・57歳という世界有数の長寿国になりました。

寿命が延びるとともに、高齢者の比率がぐんぐん上昇するのは当然です。

毎年9月の「敬老の日」にちなんで、総務省は65歳以上の高齢者人口などの統計データを発表しています。2022年9月時点では、65歳以上の人は3627万人と、前年に比べ6万人増加して過去最多でした。総人口に占める割合は、29・1％で、前年に比べ0・3ポイント上昇し、こちらも過去最高です。

●超高齢社会を独走するニッポン

65歳以上の高齢者が総人口の21％を超えた社会は「超高齢社会」と呼ばれます。日本がその21％ラインを越えたのは2007年で、15年以上も前のこと。今や、世界に類を見ない超高齢社会を独走しているのが日本の現状です。

ただし一世代前と違うのは、現代の高齢者は元気で若々しい人たちがたくさんいること。容姿の変化だけではありません。30年以上、高齢者専門の精神科医として高齢者に接してきた私は、高齢者の意識の変化もはっきりと感じています。

かつては「長生きすることが幸せ」という人が大多数でしたが、今では「長生きするより元気でいたい」へと変わりました。

「寝たきりにはなりたくない」「ボケたくない」という人がほとんどで、「とにかく長生きしたい」という人はまず見当たりません。

さらに、「定年になって、ようやく時間に縛られず、好きなことに取り組めるようになりました」「子どもが独立したから、これからは人生を楽しみたい」と、高齢期を肯定的に捉える人が増えた実感があります。

旧世代とは違う元気な高齢者が目立つようになったのは、21世紀に入ったころからでした。これは私の印象だけではなく、こうした新世代の老人に着目した先人たちがいました。まずはその話から紹介していきます。

ポイント
2

日野原重明さんが定義した「新老人」の概念

100歳を越えても現役の医師として活躍した、聖路加国際病院元理事長・日野原重《ひのはらしげ》明《あき》さんのことを記憶している方は多いと思います。

医師として長いキャリアをもつ日野原さんには、数々のエピソードがあります。1970年、福岡での内科学会へ向かう機中で「よど号ハイジャック事件」に遭ったのは58歳のときでした。聖路加看護大学の学長や、国際内科学会会長などの要職を歴任し、聖路加国際病院の院長となっていた83歳のとき、地下鉄サリン事件が発生しました。このとき通常の外来診療や手術を全面的に中止、すべての患者を受け入れる決断をして、多くの命を救ったこともよく知られています。

そんな日野原さんは90歳を目前にして「新老人」の概念を提唱し、2000年9月「新老人の会」を立ち上げ、熱心に活動を始めました。

日本の75歳以上は、国民の寿命が延びたことによって生まれた「新老人」という新たな階層と捉え、若い世代から庇護《ひご》を受ける立場ではなく、精神的にも身体的にも自立が可能なのだから、社会に役立つ力を発揮してほしいと訴えたのです。

75歳ともなると、多少は動脈硬化だとか高血圧だとか、老化に伴う慢性病をもっているのが普通です。でも、こうした病気とうまくつきあいながら社会とつながりをもち、なおかついきいきと暮らす健やかな高齢者が、20世紀後半の日本にはたくさん出現し始めたのです。

「新老人」は、世界に先駆けて超高齢社会に入った日本だから登場した階層であり、「いわば老人のエリートである」と日野原さんは述べ、次のように「新老人」を定義しています。

〈七十五歳からの人生を創造的に生きようとする人〉で、〈愛し愛される家族や友人を持っている〉〈これから新しいことをやってやろうという行動力、そして困難に耐える精神力、そしてスピリチュアリティーを持っている人〉――。

こうして並べると、少しハードルが高いように感じるかもしれませんが、現代の75歳にとっては、むしろ標準的な要素であり、当てはまる方が多いように感じます。

日野原さんが立ち上げた「新老人の会」は、自立して健康に生きることにとどまらず、社会に対するミッションを自分たちで見つけ、実践しようという集まりです。「シニア会員」の資格があるのは75歳以上、60〜74歳は「ジュニア会員」、60歳未満は「サポート会員」であり、文字どおり、老人が自ら活動し、社会とつながりながら、いきいきと暮らすことを目指しています。

会のモットーとして「愛し愛されること」「創《はじ》めること」「耐えること」の3つが掲げられています。このうち、生きがいを感じるためにもっとも大切なことは「創めること」だと、日野原さんは当時の雑誌のインタビューで述べています。

日野原さんは98歳のときに俳句を始め、102歳にして初の句集を出しました。パソコンやスマホも使いこなし、講演では自らパワーポイントを駆使していたとも聞きます。自ら提唱した「75歳からの人生を創造的に生きようとする新老人」を、日野原さんは生涯、実践し続けたのです。

ポイント3 五木寛之さんが考える「新老人」像

作家の五木寛之《いつきひろゆき》さんは、自身が80代になったころの2013年に、『新老人の思想』という本を出しています。同書の中で五木さんは〈以前だったらとっくにリタイアしているはずの老人たちが、しきりに蠢動《しゅんどう》している〉と、かつての老人のイメージとは違う高齢者が増えてきたことに着目しています。〈従来あまり見られなかった突然変異的な種族が異常に増殖しつつあるのだ。ひと昔前、新人類とよばれた若者世代が注目を集めたことがあった。それにならっていうなら、さしずめ「新老人」とでもよんでおこうか〉というのです。一方、従来型の高齢者は次のように活写されました。

〈表情に活気がなく、やや猫背で、動作もにぶい。野暮《やぼ》ったい服を着て、小遣いも少《すく》なくケチである。動作も緩慢で、周囲の迷惑などあまり気にしない。そのくせなにかというとネチネチ文句をいう。要するに社会の余計者だ〉

ひどい言われようですが、後期高齢者や要介護老人への手厚い社会福祉制度を問題視する風潮があることにも触れ、〈世間の見る目も冷たい〉と続けました。

そうして著名な高齢者の名を続々と挙げます。官能的な小説を発表して話題になった岸恵子《きしけいこ》さん、テレビの司会者として長く活躍する黒柳徹子《くろやなぎてつこ》さん、田原総一朗《たはらそういちろう》さん、史上最高齢でエベレスト登頂に成功した三浦雄一郎《みうらゆういちろう》さん……。

そして、誰もがこうした「スーパー高齢者」になれるわけではないと高齢者自身が気づいており、絶望していることにも言及しました。

日野原さんの立ち上げた「新老人の会」については、こうも紹介しています。

〈六十歳をこえた歳《とし》で「ジュニア」とよばれるのは、ちょっといい気分だろう〉――。

「新老人」を75歳からとした日野原さんに対し、五木さんは60代から80代と幅を広げて捉え、かつての老人にはなかった活力と、世間にあらがうようなアナーキーな胎動を感じ取っているのです。

エネルギーをもちつつ、自分の現状に不満を抱いている……というのが五木さんの捉えた「新老人」の特徴です。

五木さんは〈六十五歳あたりからを老人として扱うのが適当ではあるまいか〉と書く一方で、〈六十五歳の人に老人の実感はあるのだろうか〉と疑問を呈します。そして実感はないのに機械的に老人扱いされることへの反抗や、スーパー老人になれないと悟っているがゆえの絶望から、「新老人」がアナーキーな雰囲気を漂わせていると推察するのです。

また、同書で五木さんは「新老人」を次の5グループに分類しました。

退職して名刺の肩書きを失っても一介の個人になりきれず、さまざまなことに関わりをもつ「肩書き志向型」、物欲に目覚めてクラシックなカメラや時計、クルマなど、モノに関心が湧いてくる「モノ志向型」、流行のファッションなどあくまで時代に合わせて生きようとする「若年志向型」、70歳を過ぎていてもパソコンやスマホを自在に使いこなすような「先端技術志向型」、漂泊の俳人である種田山頭火《たねださんとうか》や映画の寅《とら》さんを夢見る「放浪志向型」です。

現代の高齢者なら誰しも、多かれ少なかれ、すべての要素をもっているのではないでしょうか。

ポイント4

「老人」とは本来、尊敬される人たち

「老」という文字には、本来、敬意がこめられていると、日野原さんは指摘します。単に「歳をとっている」という意味ではなく、経験を積んだ人とか学徳がある人を指すというのです。

中国語では学校の先生は、若くても「老師《ラオシー》」と呼ばれますし、江戸時代の日本では「家老」「老中」など、重要な役職者を指しています。

一般に、年齢を重ねるほど、感受性は鈍くなると思われがちです。

たしかに、簡単に心を動かされることはなくなります。

いろいろな経験を重ねて、たくさんの刺激に遭遇しているからでもありますが、医学的な解説を加えると、前頭葉の老化によって、脳が反応するには強い刺激が必要になるからです。

しかしこれは、「歳を重ねたからこそ、本当によいものがわかる」と同義です。

若いころは安い牛丼で「美味《うま》い！」と満足していたのに、年齢を重ねていくと、次第に満足できなくなる。あるいは、若手芸人の芸で爆笑していたのに、いつの間にか、レベルの高い本物の芸でなくては笑えなくなります。

つまり、高齢者は「本物を見抜ける目」をもっているのです。

さらに年齢を重ねることで、目先のことに一喜一憂せず、蓄積した知恵を使うことにも長《た》けてきます。

失敗の原因を究明し、同じ失敗を繰り返さないための方策を追求・探求する「失敗学」を提唱、研究してきた東京大学名誉教授・畑村洋太郎《はたむらようたろう》さんは、定年退職した人が就任するポストとして、「相談役」を提案しています。

従来の、社長や会長が退任後に就く相談役ではなく、退職した先輩社員が現役の社員に対し、利害関係なしに自分の経験や人間関係を交えてアドバイスするのです。

高齢社会となった日本には、こうした「老」のメリットを活かす工夫が必要です。

昭和のころの老人像といえば、腰が曲がってヨボヨボしている高齢者のイメージでした。矍鑠《かくしゃく》としていても皺《しわ》だらけで、服装もいかにも〝お年寄り〟らしかったのではないでしょうか。若いころから老け役として活躍した笠智衆《りゅうちしゅう》さんや悠木千帆《ゆうきちほ》（樹木希林《ききききりん》）さんの姿が、ビジュアルのイメージとしては典型です。

しかし平成に入ってしばらくすると、従来型の高齢者とは大きく違う、若々しい老人たちが増えました。日野原さんも五木さんも、そのことを捉えて「新老人」と呼んだわけです。

そのころに比べると、今はさらに日野原さんや五木さんのいう「新老人」が増えています。60代や70代は引退する年齢ではなく、まだまだ世の中から頼りにされる年代だと私は考えています。

ポイント5

元気な高齢者は立派な消費者である

世の中では、高齢者は衰える一方の存在であり、お金も使わない、社会の負担になると決めつける傾向が強いようです。

また、運転免許の返納を迫る声なども典型的ですが、「高齢者は遠慮がちに縮こまって暮らすべきだ」という考え方もはびこっています。

現代の日本では、高齢者は敬意を示されるどころか、ひどく粗末に扱われているように私は感じます。たとえば、お笑い番組の『笑点』（日本テレビ系）は今も高視聴率をキープし、テレビ局にとって高齢層も大事な顧客のはずです。しかし、今は面白くもない「ひな壇芸人」が集う若者向け番組ばかりに力が注がれます。

これは「高齢者はテレビＣＭを見てもお金を使わない」と指摘されているからです。

つまり、高齢者は消費者として見捨てられているのです。

しかし、今の日本では「衰えるばかりで、お金も使わない高齢者」は少数派でしょう。約20年前に日野原さんが、約10年前に五木さんが着目した「旧来とは違う、元気な老人」は、その後も明らかに増えています。

65歳以上の高齢者で要支援・要介護の人は18%というデータがあります。この18%の人には、きめ細かな福祉の手を差し伸べていく必要があることはあらためて述べるまでもありません。

一方、この数字の裏を返せば、約8割の高齢者は自立して生活しているわけです。ただ現状では、この高齢者も「お金を使わず貯め込むだけ」と思われているのです。

日野原さんや五木さんがそれぞれ提唱した「新老人」の概念を踏まえて、あらためて私が「シン・老人」を定義するなら、「何歳になっても意欲や好奇心をもち、元気に出歩いて消費もする、社会とつながりを保って暮らす老人」となります。

また、「シン」とは単に「新しい」という概念だけにとどまりません。

失敗を恐れず、積極的に進歩的なことに挑む「進」、知識や考え方に深みがあり、洞察力に優れる「深」、意志が強く、信条を守り、生き方に芯がある「芯」、共感力や好感度が高く、誰からも親しまれる「親」、心構えが前向きで意欲や好奇心に満ちている「心」、元気に長生きするための身体ケアを怠らない「身」、品格があり、紳士淑女として立ち振る舞う「紳」など、さまざまな漢字に変換することができるのです。

「シン・老人」の「シン」には高齢者が自分らしく、若々しく生きるために重要なさまざまな漢字をキーワードとしてあてがうことができそうです。

●〝和田ブーム〟でわかった高齢者の実態

自立した生活をしている高齢者はもちろん、周囲の手助けを受けながらにこやかに暮らしている高齢者は、こうした要素がもたらす力を発揮したり、享受したりしながら人生の実りの時期を過ごしています。

これが私のイメージする「シン・老人」像であり、そうした高齢者が発揮したり、もっていたりする力こそが「シン・老人力」です。

昨今、拙著『80歳の壁』『70歳が老化の分かれ道』などが次々とベストセラーになり、時ならぬ〝和田ブーム〟が起きました。

どの本でも「美味しいものを食べ、好きなことをして暮らすことこそ健康長寿の秘訣」

と述べていますが、私が25年以上前から主張し続けてきたことです。

今になって急に売れ始めたことに私自身、驚きながらも「読みは当たった」と総括しています。「寝たきりでもいいから長生きしたい」という人はほとんどいません。「人生を楽しみたいから長生きしたい」という〝実需〟がはっきりしたのです。

しかし、出版社や編集者からはずっと「高齢者向けの本は売れにくい」と言われ続け、タイトルに「70歳」「80歳」と入れるのはもってのほかとされてきました。

ところが、コロナ禍に入った3年ほど前から、「70歳」「80歳」と入れた本が非常に好評で、よく売れるようになりました。

郊外型の書店や、アマゾンで1位になるなどネット書店でも好調です。つまり、70代、80代が車を運転して私の本を買いに行ってくれたり、ネット通販も使いこなして手に入れてくれたりしているわけです。

高齢者はお金を使わない＝消費者として見られていない、という傾向が強い世の中ですが、実態は違うのではないでしょうか。欲しいと思うモノがあればアクティブに行動してすぐに買うし、世間が思う以上にITリテラシーも高いのです。高齢者は、行動的で知的な「立派な消費者」だと世間に認めさせなくてはいけません。

ポイント6

高齢者こそ低迷する日本を救うカギ

80歳を対象にした本がネット書店でここまで売れるとは、私も想像していませんでした。ただ考えてみると、さすがにこの年齢になると、書店に出かけるよりアマゾンなどで注文するほうが楽なのかもしれません。スマホをもつ高齢者も多いし、現役時代からパソコンに触れていたという人も多いのでしょう。

この〝和田ブーム〟で、出版社からは新刊の依頼が次々と来ましたが、テレビ局から「高齢者向けの番組を企画したい」というオファーは皆無、企業からも「高齢者向けに開発している製品やサービスへの意見が欲しい」という声はまったくかかりません。あらためて「高齢者は消費者として忘れ去られている」と悟りました。

高齢者は、消費者として忘れ去られているどころか、医療費や介護費などで社会に負担をかける存在として、厄介者扱いされる風潮さえあります。

2025年には、いわゆる「団塊の世代」が全員75歳以上となり、日本の人口の2割近くを後期高齢者が占める見込みです。これが「2025年問題」として、日本の危機であるかのようにも言われています。

しかし私は、こうした高齢者層こそ低迷する日本の経済や社会を救うカギになると考えます。高度経済成長期を過ごし、バブル期も体験しているので、買い物をするにも目が肥えています。

いわば消費上手な世代ゆえ、モノが売れなくて閉塞感が漂う日本社会の空気を変える存在になると思うのです。

元気だからお金を使う高齢者の「消費する力」。好きなことをした結果、元気になり、健康長寿につながる「消費がもたらす力」。後者は、医療費や介護費など社会保障費の抑制にも直結します。

元気な期間が長ければ長いほど、消費者としてお金も使います。両者は相互に関連して、日本社会の構造を大きく変える影響力を発揮すると思います。

すでに、今の高齢者の多くが、家に引きこもって孫の世話をしながら〝お迎えを待つ〟

という時代ではありません。今後さらに、歳を重ねても元気で活動的な人が増加すれば、さまざまな場面で社会と関わりをもつ人が今以上に増えていくことは間違いないでしょう。

日本では1990年代の半ばから、消費不況が続いています。消費は落ち込み、生産はだぶついた状態から抜け出すことができません。

需要が低迷し供給が過剰となっている状況ですから、単純に生産性を上げれば上げるほど、需給ギャップは広がり、景気は落ち込んでいくのが道理なのです。

●お金を使ってくれる高齢者を大切に

それなのに、世の中ではいまだに「生産性神話」が大手を振って語られています。効率や成果を競い合ってきた社会から、少しも変わっていないのが実情です。

需要（消費）が伸びず供給（生産）が過剰となっているのですから、生産性は多少低くても、消費を増やすほうが重要であるにもかかわらず……。

極論すれば、こうした状況では「真面目にコツコツ働くばかりで、節約してお金を使わない人」よりも「ぶらぶらしていてお金を使ってくれる人」を大切にしたほうがいいわけです。

前述したとおり、私が高齢者たちこそ日本を救うと考える理由のひとつは、消費者としてのパワーです。何はともあれ、個人金融資産のうちの7割、約1400兆円は60歳以上の人がもっているわけですから。

また、高齢者の8割が元気で自立しているとも先述しました。

すべての高齢者に経済的な余裕があるわけではないのですが、お金を貯め込んで爪に火を点《とも》すようにして生活している人ばかりでもありません。

大企業に定年まで勤めて企業年金に恵まれ、住宅ローンも払い終え、退職金ももっている人が大勢いるのです。

豊かな日本という国をつくり上げた立役者なわけですから、これから好きなようにお金を使うことに遠慮する必要はありません。

シン・老人は「お金を使ってくれる人」として、経済的な観点からも大切に扱われるべき存在なのです。

ポイント
7

古い価値観からの意識転換が必要

タイトルに「70歳」「80歳」と入れた私の本がベストセラーになった理由を分析すると、単なる「長生きするための健康法」ではなく、「長く生きる時代なのだから、できるだけ長く元気でいて充実した人生を楽しもう」というメッセージが共感されたからだと考えられます。

つまり、「高齢期にこそ人生を楽しみたい」と思っているアクティブなシニア層の存在が、今まで以上に明らかになったのだと思います。

ところが繰り返しになりますが、まだまだ高齢者は消費者として忘れ去られています。多くの企業が「高齢者はお金を使わない」と決め込み、魅力的な商品やサービスを提供していないことが問題の本質ではあるのですが、高齢者自身の価値観にも理由があると考えられます。

すなわち、高齢者に限らず、日本社会には「働かないで消費すること」を恥じるような、古い道徳観や倫理観がはびこり続けているのです。

たとえば「退職したら若いころからの夢だったスポーツカーを買おう」と思い、経済的に買える余裕があったとしても、なかなか踏み出す人はいないようです。家族を説得できたとしても、世間は羨望よりも顰蹙《ひんしゅく》の目を向けることが容易に想像できるので、真面目に働いてきた人ほど、二の足を踏むのではないでしょうか。

新聞などでは事件や不祥事を起こした人物が「スポーツカーを乗り回し……」などと描写されるように、日本の社会にはスポーツカーや高級車を〝乗り回す〟のは、非難されて当然といった〝空気〟があります。

これは、みんなが一定の規範の中で、同じような給料で一生懸命に働いた時代、いわば工業時代の〝空気〟ではないでしょうか。

しかし、若いころにそうやって働いてきたからこそ、約束どおりに退職金や年金をもらっているわけです。誰はばかることなくスポーツカーを買っていいのです。

「人生を楽しむためにお金を使おう」とする高齢者＝「シン・老人」を、日本の社会はもっと大事にしなくてはいけません。

高齢者自身も、「節約とがまんが美徳」などと思わず、食べたいものを食べ、やりたいことを好きなようにやりながら暮らしたほうがいいのです。

「進」「深」「芯」「親」「心」「身」「紳」などさまざまな漢字に変換できる「シン・老人」は、こうした力が人生経験によって、すでに備わっていると考えられます。

「自分なんかとてもとても……」と謙遜する必要はありません。自信をもって、自分の望むように日々を送り、人生を楽しんでください。

何度も繰り返しますが、それが自分自身の健康長寿につながるばかりでなく、日本経済や旧来型の社会の価値観を変革するパワーにもなるのです。

高齢者の活力を社会に活かすことが停滞する日本を救うという前提に立ち、政治や行政、企業、マスメディアの側も、意識を転換していくことが必要だと思います。

ポイント 8

「雑に生きる」ほうがうまくいく時代

現在、80歳前後の人たちは、昭和30〜40年代の高度経済成長期を20〜30代の企業戦士として駆け抜け、40代でバブル経済の絶頂も崩壊も体験してきました。

今の60〜70代は、海外旅行などで世界2位の経済大国だった時代の「円」のパワーを体感しています。私もそのひとりです。

こうした時代を生きてきたからこそ、シン・老人たちは本来、楽しいことや美味しいものをよく知っている〝消費の達人〟であるはずです。

ところが、なぜお金を使いたがらないのか。魅力的な商品やサービスが少ないことが大きな要因ではありますが、高齢者自身も節約やがまんを美徳とする時代の刷り込みから抜け出せていません。何度も繰り返しますが、高齢者が「人生を楽しみたい」と考え、そのためにお金を使うことがすべてなのです。

節約やがまんを美徳とする昔の価値観のまま生きていては、年齢を重ねるにつれてますます苦しくなります。

というのも、こうした価値観は「自分でできるほうがいい」「手を抜いてはいけない」「人に頼っては自分の負け」といった思い込みを招きやすく、少しずつ衰えてくる高齢期は、がっかりしたりつらくなったりすることが増えてくるからです。

「以前できていたことができなくなった」と嘆くより、むしろ「できません」「負けました」とあっさり諦め、好きなことをして楽しく生きることを優先させたほうが幸せになれます。

足腰が弱れば弱ったなりに、もの忘れが多くなれば多くなったなりに、状況を受け入れて生きていくことが大切になってくるのです。

やや話は広がりますが、近い将来に訪れるＡＩ（人工知能）の時代、私たちは今までの価値観を根本的に変えなくてはならないだろうと感じます。

ＡＩに任せることは任せて、ある程度、「雑に生きる」、あるいは「いい加減に生きる」ほうがうまくいく時代になっていきます。

ポイント 9

70代のうちに良い習慣をつける

高齢になれば、できないことが増えていくのは当然です。しかし「以前、できたことができなくなった」と嘆くのではなく、「いい加減」に生きることを許容していくことが大切になります。

現役時代に優秀だった人ほど、完全主義の罠にはまりやすいものです。「少しダメならば全部ダメ」と考えてしまうと、できないことを延々と追い続けることになりかねません。これでは日々ストレスを溜《た》め込むことになり、「人生を楽しむ」とは真逆の方向へと進んでいくでしょう。高齢期は「勤勉や真面目さから卒業する時期」くらいに考えたほうがいいのです。

シン・老人力とは、そのくらい物事を緩く捉える力でもあります。

いわゆる前期高齢者（65～74歳）にとって大切なことは、体も脳も、今のまま使い続けることです。この時期、意図的に使い続けるようにしていれば、80代、90代になったとき、要介護となる時期を遅らせることができます。

つまり、「元気で活動できる期間」を長く延ばせるのです。

今、日本人の平均寿命は男性が約81歳、女性が約88歳です。平均余命はといえば、現在65歳であれば男性が約20年、女性が約25年です。75歳なら男性が約12年、女性が約16年です。65歳まで生きた人の多くは、平均寿命を超えて生きます。この期間を、できるだけ長く人生を楽しんで過ごしたいと思うのが当然でしょう。

そうであるならば、今から意図的に体を動かし、脳を使うように習慣化してください。習慣化しないと、運動機能も脳機能も使い続けることが難しいからです。

医学的な観点からいえば、遅くとも70代のうちに良い習慣をつけることが大切です。水泳やウォーキングなどが70代で習慣になっている人は、80代になっても体力に合わせて続けられます。体力のある限りは続けるでしょうし、多少、衰えてきても体を動かそうという心がけは、生涯続くでしょう。

運動だけでなく、絵を描いたり、美術鑑賞したり、観劇、囲碁将棋、俳句、写真、書道といった趣味の活動も、70代で習慣になっている人は80代になったからといってやめたりはしません。そうやって体も脳も、ずっと使い続けましょう。

「自分はまだ60代だから、70代になって始めればいい」とは思わないでください。

習慣づくりは70代からとしたのは、80代になってから新しい習慣を身につけるのは、かなり困難だからです。身体機能は70代のころより低下しているし、新しいことを始めようとする意欲も減退しています。

現代の60代は、身体機能も脳機能も、中年の人とほとんど変わりません。機能を高い状態で維持する、あるいは機能の低下をできるだけ緩やかにすることを目指すなら、今すぐ始めるのが理にかなっています。今日よりも若い日は来ないのですから。

意欲や好奇心にあふれ、体が健康で、知識や経験を深めつつ意志をもって前向きに生きるのがシン・老人のあり方。衰えてしまってから復活を目指すよりも、よりよい状態を長く保つほうが楽で効率的です。

ほんのわずかでも今すぐに行動すれば、その後の人生は大きく変わる可能性があると、私は信じています。

第2章

「シン・老人」は生涯現役で健康長寿

ポイント10

定年後に〝即引退〟は老化を招く

よく「定年退職した後、一気に老け込んでしまった」という人に出会います。

たしかに毎日、職場へと通勤して、それなりに役割があり緊張感もあった状態から、急に解放されて気持ちの張りがない日々が続けば、老け込みやすくなります。

退職を機に一気に老け込む人には共通するパターンがあります。

長く続けていた仕事をやめたのを機に、今までやってきた活動の一切をやめてしまうケースです。「ずっと働いてきたのだから、退職したら何もしないで家でゴロゴロ過ごすのだ」というような人たちです。

しかし、この過ごし方は要注意。60歳であれ65歳であれ、それまで現役バリバリで仕事をしていた人が、退職後に何をして日々を過ごしていくか無計画のままでいると、一気に老け込んでしまうことが多いのです。

これは脳の機能からも説明できます。

働いていれば日々それなりの知的活動や他者とのコミュニケーションがあります。たとえば通勤途中に、電車のトラブルで遅刻しそうになるとか、財布を落としてしまったといったさまざまな出来事に遭遇し、そのたび脳は活発に働きます。

ところが、家で漫然と過ごすようになると、こうした脳への刺激や活動はなくなり、前頭葉の老化が一気に進んでしまいます。

前頭葉とは大脳の前方の部分で、思考、意欲、感情、性格、理性などを司っている部分です。創造性、他者への共感、想定外のことに対処するような、微妙な感情や感情から生まれる行動を担っています。

意欲や自発性といった感情は、行動に直結しているので、前頭葉が老化していくと、何ごとにも意欲がなくなり、活動することがおっくうになってきます。

そうなると運動機能が低下し、脳の老化はさらに拍車がかかります。

結果として、見た目にも、はつらつとしたところが失われ、元気のないしょぼくれた老人に変貌してしまうのです。

再雇用でもパートでも、退職後に新たな職場で働き始めるのは老化を遅らせるという点からも、とてもいいことです。寿命が延びて、90歳、１００歳まで生きることも視野に入ってきた時代には、「定年退職したので引退する」という考え方は、将来のリスクになります。

今の60代、70代はたしかに元気です。しかし、前頭葉の老化は40代から始まります。体の老化に先立って前頭葉の老化が起こり、感情が老化してしまうと、脳も体も老化が加速します。だからこそ、感情の老化が怖いのです。

前期高齢者と呼ばれる65歳になれば、若いころより意欲が低下していても不思議はないのですが、諦める必要はありません。

しょぼくれた老人になるのを押しとどめることは可能だからです。

どうするのがよいかといえば、あらゆる引退をしないこと。続けてきたことをやめないことです。

定年になったからといって、人間としての成長が終わったわけではありません。知性や思考力はまだまだ深まる。何ごとも深めようとすることで、心身を若返らせる力、「シン（＝深）・老人力」をつける機会とでも捉えましょう。

ですから、高齢になったからといって、運転免許も漫然と返納してはいけません。65歳以上の男女約２８００人を追跡した筑波大学などの研究チームの調査がありま す。それによると、２０１０年の時点で運転をやめていた人は、運転を続けていた人に比べ、６年後には要介護になるリスクが２・16倍になっていました。地方では、免許を返納するとほとんど外に出なくなってしまうのが原因です。

●運転をやめるリスクのほうが高い

運転をやめても、バスや自転車の利用に切り替えた人なら外出は続けていたはずですが、こちらも運転を続けた人に比べて要介護リスクは１・69倍高かったのです。

脳機能、運動機能の状態をチェックすることは必要ですが、70歳前後であれば、運転をやめるリスクのほうが高いと考えられます。

高齢者による高速道路の逆走や、交差点や駐車場でのブレーキとアクセルの踏み間違いによる事故が起こるたび、メディアで大きく報道されます。認知症のリスクのある高齢者の運転は危険だ、高齢者は事故を起こしやすいと思われていますが、これには根拠がありません。

警察庁交通局の『平成30年中の交通事故の発生状況』で、免許所持者を年齢別に見ると、人口10万人当たりの事故件数がもっとも多いのは16歳から19歳の年齢層でおよそ1500件、20歳から24歳は877件、25歳から29歳は624件です。

年齢とともに少なくなって、30代から60代が450件前後と落ち着きます。

高齢者はというと70代で500件前後、80代前半でも605件です。たしかに少し増加はするのですが、とりたてて事故率が高いわけではありません。

地方に住んでいて、買い物や通院に車を使っているような人ならとくに、年齢だけを理由に、安易に免許を返納してはいけません。不便になるだけでなく、生活の自由度が大きく低下して、老いを一気に加速させる恐れがあるからです。

ポイント
11

老化を防ぐ妙薬は「働くこと」

歳をとってからも引退せず、働き続けたほうが長寿であり健康でいられます。

長野県はかつて、都道府県の中でも平均寿命のデータは下位に位置していました。それが1975年に男性が全国4位となり、1990年以降は全国1位を何度も記録しています。女性も2010年の調査で1位となり、その後も男女ともに、全国でトップクラスの平均寿命を維持しています。

長寿というだけでなく、ピンピンコロリ（PPK）という言葉が生まれたほど、亡くなる直前まで元気に暮らす高齢者が多いのです。高齢者ひとり当たりの医療費が、全国最低レベルという調査結果もあり、歳をとっても元気な人が多いのです。

長寿の理由にはさまざまな仮説が挙げられました。

「蜂の子」「イナゴ」といった昆虫食の習慣だとか、山歩きをしているおかげだとか、日帰り温泉施設の数が日本一だからという説まで浮上しました。

しかしながら、その後、昆虫食の習慣は少しずつ薄れていますし、自動車の普及によって山歩きをする距離も人数もかなり減っています。

それでも長寿県のままである理由について、私は、高齢になっても働く人が多いからだとにらんでいます。長野県はこれまで、高齢者の就業率で全国1位を何度も記録しているのです。

総務省統計局のデータによると、2017年10月時点で、長野県の高齢者の有業率は男性41・6%、女性21・6%でどちらも全国1位です。少なくとも男性においては、この就業率の高さが寿命の長さに関係していると思います。

何もしないで家にこもったりせず働くことが運動機能や脳機能の老化を遅らせ、高齢者の寿命が延びているのでしょう。「働くこと」こそ老化防止の妙薬なのです。

勤めに出ることに限らず、毎日、畑仕事に精を出して、自分がつくった野菜を食べているなど、働くことを通じて隣近所とのつながりが残っているというような社会参加がずっと続いていることが、長寿につながっていると考えられます。

一方、南国の沖縄県には長寿のイメージがありますが、実際は違います。女性の平均寿命はそこそこ上位に入るくらい長寿ですが、男性はかなり下落し、全国平均より低いのです。

同じ気候風土の中で暮らしているにもかかわらず、なぜ男性と女性でこうまで大差がつくのでしょうか。その理由も、就業率にあるのではないかと考えられます。沖縄県の高齢男性の有業率は全国で最下位。これが平均寿命を下げている一因ではないかと思います。一方、女性は高齢になっても家事を中心になって担うなど、役割をもっていると考えられ、男性ほど就業率が寿命に影響しないのかもしれません。

●お金や効率を求めない働き方

繰り返しますが、あらゆる社会活動から引退すると、一気に老化が進みます。しかし、働くことが老化を遅らせることに役立つとはいえ、歳をとってからの働き方は、若いときとは変えるべきでしょう。

つまり、お金や効率だけを求めるような働き方から、自分の経験や知識を活かして、誰かを助け、社会の役に立つということに価値を置いたほうがいいのです。

たくさんお金を稼ぐから偉い、という価値観では消耗するばかりです。

収入の多寡にとらわれず、地域の世話役やボランティアなど、役割をもって体や頭を使うのもいい。野菜を育てて、近所の人にあげて喜んでもらったりするのも好例です。現役世代の息子や娘をサポートして家事を手伝ったり、孫の勉強を見てあげたりする。

これらのすべてが立派な仕事であり、社会的な役割を果たすことになります。


大切なのは、いつまでも現役であろうとする意識や姿勢です。

町内会の世話役やマンションの管理組合の役員などを引き受けるのはとてもいいことです。面倒くさがって逃げ出す人も多いのですが、長い高齢期を元気に過ごすには、退職後にこうした機会を活かして地元デビューを果たすことが大切です。

趣味の集まりであれボランティア活動であれ、社会参加を積極的に心がけましょう。いずれも前頭葉の刺激になって、老化にブレーキをかけることになります。

ポイント12

「見た目」が若返ると老化にもブレーキ

心理療法の手法のひとつに「行動療法」があります。この療法のベースには「行動が心の状態を決める」「行動を変えれば、心も変わる」という考え方があり、これが60代、70代の老化防止についても当てはまります。

身ぎれいにして若々しくあろうとすることで、心が元気になって意欲も湧き、姿勢や表情も若々しくなります。「見た目」が若返ると老化にブレーキがかかるのです。

これに対し、身なりに無頓着《むとんちゃく》になってくると、心身ともに年齢以上に老け込んできます。いかにも〝お年寄り〟らしい服を着て、髪や肌の手入れも放置している自分を想像してみると、心が沈んでくるような気持ちになるのではないでしょうか。

見た目を気にかける行動においても、現役であるべきなのです。

高齢になってもお洒落な人や外見にこだわりをもつ人は、おおむね元気です。

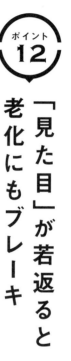

「高齢女性にお化粧をしてあげると元気になる」「お化粧をすると急に背筋が伸びる」といった話を聞いたことはないでしょうか。

私自身、認知症が進んだ高齢女性もメイクをするとシャンとする姿を、何度となく目にしてきました。

有料の介護つき老人ホームには、美容師が出張してきて、カットやカラーリングなどの有料サービスが受けられるところも多いのですが、利用している高齢者は認知症の面でもレベルとして軽く、進行も遅いようです。

長い臨床経験の中で、私は外見が老人らしさを増していくとともに感情の老化が進み、さらには全身の機能が低下していくケースをたくさん見てきました。

高齢者は若いころ以上に「見た目」に気を配るべきだと思います。その意味では外見のアンチエイジングは積極的に勧めています。実際の老化のスピードをやわらげるのに大きな影響があるからです。

外見の若さが心の若さに大きく影響するのは男性も女性も同じです。

男性は、見た目の若さにあまり配慮をしない傾向にありますが、ボサボサの白髪で、ヒゲも剃らないとなってくるとかなり危ない。見た目が老人らしくなっていくと、その影響を受けて心も老化し、全身の身体機能も老化していくからです。

精神神経免疫学という分野では、外見を若々しくすることで心が若返ると、免疫機能もかなりの確度で若返ることが明らかになってきています。

つまり、見た目の若返りによって、老化にブレーキをかけることが可能です。

とくに免疫機能に影響を与えていると聞けば、おろそかにできないと思うのではないでしょうか。誤嚥性《ごえんせい》肺炎や新型コロナウイルスによる感染症などに負けないために、とりわけ高齢者にとって免疫機能は大切です。

高齢になるほど、体内にガンを抱えている人が増えるのは、免疫機能の老化によって出来損ないの細胞を排除できなくなるためです。見た目からの若返りは、元気で長生きするために重要なことでもあります。

いつまでも紳士淑女として、見た目にも配慮していたい。これも「シン（=紳）・老人力」のひとつと呼べそうですね。

ポイント
13
〝大人の贅沢〟は感情を若返らせる

若いころからファッションに興味のあった人ならともかく、平日はスーツに身を包んでおけば大丈夫、休日はジーンズと量販店で買った服を着ておけばいいだろう……。長いサラリーマン生活時代に、そんな日々が続いていた男性の場合、突然、「お洒落な恰好《かっこう》をしろ」「気分も明るくなる服を着ろ」と言われても、そんな装いができないのは、致し方ありません。

それならさっそくデパートやセレクトショップに足を運んで、身につけるもの一式を買ってきましょう。頭のてっぺん（帽子）からつま先（靴）まで揃《そろ》えるのです。

奥さんに、つきあってもらっても結構です。ファッションについてアドバイスしてくれるガールフレンドがいれば最高ですね。もちろんお店の人と相談しながら自分で選んでもかまいません。ただし、決してケチってはいけません。「これが気に入ったんだけれど、安いほうでがまんしよう」は禁物です。財布の許す限りの贅沢《ぜいたく》を楽しんでください。

そうやって気に入った服を買えば、当然、着たくなります。着れば「お洒落な場所」「それなりの場所」に出かけたくなるものです。こうした大人の贅沢は感情を若返らせて、行動範囲を広げることになります。つまり、脳の前頭葉が活性化するのです。

年齢を重ねれば重ねるほど、頑固になったり、思い込みが激しくなったり、怒りっぽくなったり、といった傾向が見られます。思い当たる経験のある人も多いでしょう。

これは、もともともっていた性格が尖鋭化したものですが、前頭葉の老化が関係しています。前頭葉を活性化させることは、こうした性格の先鋭化をマイルドにすることにもつながります。

意欲の低下もこうした性格の先鋭化によってあらわれるので要注意です。

このタイプの人は、積極的に出歩く気にもなれないので家にこもりがちになり、結果として、体も脳もどんどん老化して衰えるという悪循環が起こりやすいのです。

したがって、少しでも早くから前頭葉が喜ぶこと（刺激になること）を、どんどんやってみるほうがいいのです。探究心をもって、自分にとって面白そうなことを深掘りする、「シン（＝深）・老人力」ですね。

ポイント14

「ときめき」や「メリハリ」のある生活

前頭葉は想定外の出来事に対処するときや、心がときめくときに活性化します。代わり映えのしないルーティンの日々だと、前頭葉はほぼ確実に老化が進んでしまいます。生活に変化をもたせることで、前頭葉を活性化させることができるのです。

その意味からも、今まで地味な服ばかり着ていた人なら、明るい鮮やかな色の服を着て気分を高めてみましょう。

高齢になると、普段からまったくお洒落をしてこなかった男性ならとくに、日常の服装はいかにも地味で年寄りくさいものになりがちです。

前述したように、こうした服装は老化へのアクセルになりかねません。

男性であれ女性であれ、年齢相応の恰好をするようになった60代、70代の方も、かつてはファッションに頭を悩ませたことがあったはずです。

たとえばデートの前など、「どれを着ていこう」と鏡の前でコーディネートに時間を費やしたのではないでしょうか。

「この服を着ていったら、相手は笑顔を浮かべてくれるだろうか」などと、胸をときめかせながら服を選んでいたと思います。

もっとも、そのころの男性なら「とりあえずこれがいちばん清潔なシャツだ」という選択肢しかなかった人も少なくないかもしれませんが……。

ところで私は、50代、60代になったら和服を着るのがよいと考えています。「老化防止」にきわめて有効だからです。

というのも、和服を着るのはそれなりに面倒です。自分自身にかなりの「無理」を強いるわけですが、この無理して苦労するという行為が老化防止に役立ちます。

定年退職後は生活の中にメリハリが失われることも老化を進める要因ですが、「特別な日・ハレの日」に和服を着ることで、生活や気持ちにもメリハリが生まれ、前頭葉を刺激して「脳の若さ」を保つことになるのです。

ポイント15

お金は自分の楽しみのために使う

有り体に言ってしまうと、お金を使えば使うほど幸福感が高まります。日本という資本主義社会に生きているのですから、これは当然といえば当然です。

お金を使っている人ほど周囲から大切にされますし、「あいつは金を出さない」と思われたら人が離れていきます。ケチな人の周囲には人は集まってこないものです。子どもたちでさえ、どうせ財産を相続できるのだから、今のうちは寄りつかないというケースは珍しくありません。

お金を使うと周囲の人から大切にされるので、自己肯定感も高まります。ストレスも軽減できるので、認知症やうつ病の予防にもなりそうです。

国内でも海外でもいいのですが、行ったことのない場所へ旅行に出かけたり、入ったことのない名店で美味しいものを食べたりすることでも、前頭葉が刺激されて活性化します。高齢になるほど、より強い刺激が必要になるので、そうやって感動が得られるなら脳の若さを保つ意味でも理にかなっています。

健康やアンチエイジングにお金を使い、あちらこちらに遊びに出かければ、それだけ幸福感が高まります。孫の教育や、家族での思い出づくりの旅行のためにお金を使えば、家族から大切にされるはずです。

基本的にお金は自分の楽しみのために使いましょう。結果としてそれが、認知症やうつ病を防ぐことにもつながります。

それでも高齢になってなお、「将来が不安だから備えなくては」とお金を節約しようとしたり、さらに貯金しようとしたりする人もたくさんいます。

しかしながら、年金をもらえる年齢であれば、病気で入院することになっても、国の保険制度のおかげで支出はかなり少なくてすみます。こうした国は、世界中を探しても多くはありません（北欧のように医療費や介護費が基本的に無料という国もありますが、税金の負担率は極端に高い）。

世界有数の保険制度を支えてきたのは、今、高齢期にあるみなさんやその先輩たちです。頑張って働いて支えてきたのだから、必要なときが来たら遠慮せずに甘えていいのです。ですから、体を動かすことができて、頭もしっかり働いているうちは、人生をしっかり楽しんでおきたいものです。お金は元気なうちに使わなくてはいけません。設備の充実した病院で個室に入るにはそれなりにお金が必要ですが、そのためにお金を貯め込んでおくのは本末転倒でしょう。

思うように動けなくなったとか、ボケてきてからでは、せっかくお金を使っても楽しめないし、今さら老化を遅らせるメリットは期待できません。

先述のように、約2000兆円に上る日本の個人金融資産のうち、約7割を60歳以上がもっているとされます。その膨大な金融資産が使われないまま、しかも多くが超低金利の金融機関に貯め込まれています。

お金が使われないとなかなか景気は上向きません。

日本の経済が停滞したままでは、次世代への負の遺産が積み上がるばかりです。

これはゆゆしき問題です。子どもや孫のことを考えるのであれば、財産を残すことよりも、次世代の彼らがよりよく生きられる社会であるように、どんどんお金を使って経済循環をよくするほうがよほど合理的です。

ポイント
16

賢い人は子どもにお金を残さない

「自分自身のためにも、そして子どものためにも、後の世代に資産を残す必要はない」というのが私の考えです。

デフレの時代が長く続いてきましたが、このままさらに10年、20年と物価や給料が上がらないとは考えにくい。インフレの時代になって目減りするリスクも考えると、今、周囲や自分のために使うほうがお金は生きるのです。

さらにもう1点。長年、高齢者の医療に携わりながら、その行く末を見守ってきましたが、お金を残すと、むしろ大きなトラブルの種になることが少なくないのです。

子どもがひとりならともかく複数いた場合、遺産が多い場合はもちろん、相続税がかからないくらいのお金であっても、相続をめぐって泥沼の揉《も》め事となってこじれていく様子を、私は幾度となく見てきました。

親が80代や90代で亡くなった場合、子どもは60代というケースが多いのではないでしょうか。60代ともなれば、すでに退職していることが多く、誰しも老後の不安から少しでも財産が多く欲しいという気持ちになるものです。

結果、きょうだい同士で財産をめぐって意見がかみ合わないことが増えてきます。遺言に均等に残すとあっても異論が出てきます。

「兄さんはマンションを買ったとき援助してもらったじゃないの。息子の学費だって出してもらっている。その分を除いて均等に割るのはおかしいでしょ」

「オレが近くに住んで、よく様子を見に行っていたことは知ってるだろう。母さんはその分を考えてくれたんだ。お前のところは子どももいないし、むしろ均等ならいいじゃないか」

「様子を見に行ったって、お金を借りに行ったってことでしょ」

感情的にならずに話をするのは大変ですが、そこにきょうだいそれぞれの配偶者が加わると、「ここで妥協してはいけない」とたきつけるので、余計に厄介なことになります。

争いがこじれていく様子を何度も見て、私は財産など残すものではないと強く思うようになりました。

財産をもったまま高齢になり、認知症になった場合、本人にかわって、子どもがその管理をすべて代行できる制度があります。

そこまではいかなくても、どんなに親に嫌われようとも遺産は子どもが相続できるという法体系が続いているために、親の財産を自分の財産のように思う子どもは少なくありません。

このため、自分自身の取り分が増えるようにと、子どもが親にかかる介護費や医療費を節約しようとするケースすら出ています。

●子どもに事業をさせて投じる

たとえば親が「家を売って3億円の老人ホームに入ろう」と考えている場合、子どもは「財産が減ってしまう」と考えて反対することが多いのです。

はるかにランクの低いホームに入ることになったり、節約のために子どもとの同居を強いられたりするのは、珍しいことではありません。

不本意ながら同居することになって、住み慣れた地域を離れて子どもに遠慮しながら暮らし、寂しく晩年を過ごしたという例はよく聞きます。

こうしたトラブルが生まれてしまうのは、財産という形で子どもに何かを残そうとするからです。家族が争う悲しい状況を引き起こしたり、不本意な晩年を過ごすことになったりするのなら、自分のために使ったほうがよほど健全でしょう。

漫然と相続させるくらいなら、子どもに事業をさせて、相続させるはずのお金をその事業に投じてみましょう。

もし子どもが事業に失敗して1円もなくなったとしても、ただ漫然とお金を相続させるよりは、社会を生き抜く力が身につくはずです。また、全体で見れば遺産としてお金を動かさずにいるより、社会は活性化するのです。

お金は自分の楽しみに使い、子どもには残さないのが、現代の賢い新常識になってほしいと、私は切に願っています。

ポイント17

欲求へのブレーキは好奇心のブレーキ

「お金を使う」という行為には、人それぞれの個性が如実にあらわれます。

あまり経済的な余裕はないのに、気に入った服をポンポンと買える人もいれば、お金はあるのに、Tシャツであってもさんざん吟味して、自分のワードローブも勘案しながら買う人もいます。趣味の道具なら即断即決できるけれども、スーパーで食料品を買うときはなかなか決められないという人もいるでしょう。

お金を使うのは、表現力やオリジナリティが問われる行為です。今までの人生で培ってきた価値観が問われていると言っていいでしょう。

「どうお金を使うか」を考えているとき、前頭葉は活発に働いています。

すなわち、「何にどのくらい使うと予算内に収まり、しかも自分が大満足するのか」と考えることは、実はかなり真剣で、奥の深いことなのです。

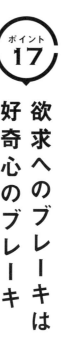

創造力や企画力、計画力が問われる、きわめてクリエイティブな行為ですから、お金を使う機会は頭を使う機会と考えましょう。

「欲しいな」と思う商品に出会ったとき、みなさんはどうしますか？「すぐに買う人」「買おうかどうしようか迷って買う人」「迷った挙げ句に買わない人」の3タイプに大別できそうです。

もっとも、冒頭の例で挙げたように、趣味など興味のある分野の品か日常品なのか、さらに商品の価格などによって行動パターンは異なってくるのですが。

たとえばたまたま立ち寄ったセレクトショップで気に入ったジャケットを見つけた場合を想定してみます。直感で「欲しいな」と思って値札を見たら、思った以上に値が張ったという場面。「この服を着て出かける機会はそんなにないか」とか「細身だから、すぐに体形に合わなくなってしまうかも」と、一瞬の逡巡《しゅんじゅん》をきっかけに、どんどん心にブレーキがかかっていくかもしれません。

しかし、買わずに帰ってきてしまうと「もし手に入れていたらそこから始まるであろう新しい世界」を見ることができません。

その服を着て出かけることになった場所は、今まで気後れしていた場所かもしれません。新しい体験となって、前頭葉が喜ぶ刺激に触れるチャンスだったかもしれないのに、その機会を逸してしまったことになるわけです。

買い物の最中だけでなく、手に入れた後、使っているときも前頭葉への刺激の機会があることを見落とさないようにしましょう。

洋服でもカメラでも自動車でも、気に入ったものであればあるほど、使用したときの喜びも大きいはずです。

脳を老化させないためには、前頭葉を強く刺激する「喜び」や「感動」が欠かせません。ところが、欲求にブレーキをかければ、好奇心にもブレーキがかかってしまいます。結果、代わり映えのしない日常が続くことになりかねません。

脳には欲求不満が残り、前頭葉が刺激されることもなく、老化へのアクセルがかかってしまうとも考えられます。消費者として現役であり続ける意味は、こうしたところにもあります。

ポイント18

消費者としても生涯現役であるべし

資本主義社会とは「お客さまは神さまです」の社会だと言われます。お金を使うことによって自己愛も満たされるし、よりよいサービスを受けることができます。したがって高齢者がお金を使わないと、高齢者を粗末にする世の中になるし、気前よくお金を使ってくれると大事にされる世の中になります。

不道徳なことかもしれませんが、それが現実であることを直視しなくてはいけません。何度か述べてきたように、高齢者がお金を使って遊ぶと、高齢者向けのビジネスも盛んになります。高齢者が生涯現役の消費者なのだと認識され、消費者として大切にされるようになると日本社会が変わります。

将来のあるべき社会はともかくとして、現在のお金の使い方を考えてみるとはっきりしていることがあります。高齢者は、お金を使わなくなった途端に、資本主義の枠組みから外れるのです。お金がないとわかった途端、接客態度が悪くなるような話で、まさしく「現金」なものです。

先に、働き続けることが大事で引退などしてはいけない、生涯現役であるべし、と述べました。この生涯現役とは、現役として一生働くという意味だけでなく、生涯現役の消費者であるという意味でもあります。

この両方について現役なのが、まさにこの本で唱えている「シン・老人」です。「お客」と思われている限りは、高齢者も若い世代と等しく扱ってもらえます。おじいちゃんでも、おばあちゃんでもなくて「お客さま」なのです。

モノやサービスを買い続けることで存在感をアピールできるし、自己愛も満たされる。存在を尊重される立場で、社会への参加度も維持されることになります。

多くの場合、高齢者自身がこの世を去るころには、その子どもも60歳を超えています。社会経験を積んだ立派な大人なのだから、子どもにお金を残す必要はありません。トラブルの種を残さないためにも、むしろ残さないほうがいいのです。

それよりも自分で使って老化予防をしたほうが、みんなが幸せになれます。

そして、今の高齢者たちは本質的にお金の使い方を知っているはずです。

たとえば、昭和40年代以降、高齢者向きのスポーツとして全国で盛んになったのがゲートボールでした。高度経済成長期ですが、このころの高齢者は明治生まれだから、遊びをあまり知りません。それだけにゲートボールは楽しかったのでしょう。

高度経済成長期にバリバリと働いていた世代はゴルフやボウリング、麻雀《マージャン》などを覚え、遊びを知ります。ゲートボールが廃れたのは、この世代が定年退職したとき、もっと楽しい遊びを知っていたからとも考えられます。

●バブル期を生きた人たちの強み

1980年代、私たちが20代のころはスキーだ、テニスだ、サーフィンだと、さらにさまざまな遊びや、デートに重きを置くような文化が一気に広がりました。「従来とは異なる感性や価値観、行動規範をもっている」として、当時の若者はよくも悪くも「新人類」と呼ばれました。

さらにバブル期、日本人はそれに輪をかけたようにお金を使って遊ぶ楽しさを知るわけです。美味しいワインが日本に輸入されるようになったのもこのころからです。

高度経済成長期やバブル期を知っている今の60代以上の人たちは、最近の停滞した時代しか知らない人に比べ、お金を使うことに抵抗がありません。

遊びに興じることを知っている今の高齢者は、図らずも感情の老化予防や、免疫機能にとって有利な行動パターンを身につけているのです。

消費者として自分のためにお金を使う、心理的なハードルもかなり低いのではないでしょうか。

楽しいお金の使い方を知っている、かつての「新人類」が「シン・老人」の中心となり、この世代の力をあらためて借りることで、日本経済の停滞は打破できます。こうした二重、三重の意味で、生涯現役の消費者たる高齢者たちは、現代の日本を救うカギになるのです。

ポイント 19

〝常識〟に縛られない「シン・老人」の思考

この本を読んで「シン・老人」として生涯現役を貫くことや、お金を使って遊ぶことに共感しても、「自分にはできない」と思ってしまう人がいるかもしれません。

これは、本当は共感しているのにその気持ちを封じ込めてしまう、自己規制のようなものが働いているからだと思います。

たとえば、ふと次のようなことが気になったりしていないでしょうか。

「60歳を過ぎて、遊び暮らすなんてみっともないんじゃないか」

「70歳を過ぎて、毎日こんなに出歩いてもいいのだろうか」

昭和の時代を過ごしてきた高齢者は、無意識のうちに「高齢者なんだから、かくあるべし」という価値観に縛られていることがあります。

「男は社会に出て、仕事してお金を稼いで、家族を養うものだ」

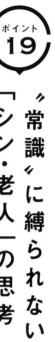

「女は家庭を守り、子どもを育て、家族の面倒をみるのが当然だ」保守派の政治家の中にはこんなことを公言する人がいますが、たちまち四方八方から非難を浴びるのが通例です。「今どきこんなことを言うとは時代錯誤も甚だしい」と厳しく批判されています。

今でこそほとんどの人が「そんな規範を押しつけないでくれ」と考えるようになりましたが、男女雇用機会均等法が施行されたのは1986年のことです。ほんの一昔前には「男は」「女は」という目に見えない規範や〝悪弊〟がありました。

それから40年近く経《た》ち、さすがに今はこうした旧来の〝悪弊〟は廃れてきたように思えます。

では、その手の古い常識から解き放たれて、男性も女性も自由に暮らしているのかといえば、そうではない部分があります。たしかに、露骨に「男なんだから」「女なんだから」と批判されることはなくなったかもしれません。

ところが、ふと自分自身の心の中で「男なんだから弱音を吐くことはできない」「女なんだから出しゃばらないで従っておこう」と、規制したり自制したりはしていないでしょうか。

性別や年齢のように、一昔前は目に見えない社会規範につながっていたものが、今や一見、身の回りから消滅したように見えながら、つい無意識のうちに亡霊のように復活して、規制したり自制したりさせてしまうものがあります。

制度としての自由は保障されていても、古い価値観で自分を縛っていることがしばしばあるのです。それが習慣化して無意識になればなるほど、さまざまな場面で思考や行動から自由が奪われてしまいます。

無意識での自己規制ですから、自分で自分を縛っていることになかなか気づきません。「自分にはできない」と思ってしまうのは、それと同じようなメカニズムが働いているのでしょう。

自分にはまだまだ物事を深める力や進める力があると信じること。「シン・老人」に向けた思考の第一歩は、そこから始まります。

ポイント
20

子どものように自由気ままに暮らす

日本では、制度上は認められているのに、みんなの目を気にするためにできないことがあまりにもたくさんあります。

今回のコロナ禍もそうでした。同調圧力という言葉が一気に広がってしまったように、法律でも何でもないのにみんなが押しつけてくるものが目立ちます。

たとえば初期のころの「自粛警察」や「ワクチン警察」、いつまでもマスクを強要する風潮など、すぐに思い浮かぶでしょう。

同調圧力は思考の自由すら奪います。〝みんな〟の目を気にし、〝みんな〟の意見や行動に合わせるのですから、自分の頭で考え、判断し、行動するといったことが失われていきます。

そんな風潮を無視して自由に動き回る人は、「みんながかまんしているのに」とたちまち槍玉《やりだま》に挙げられて非難されます。こうして社会は自由を敵視するようになります。

今、高齢者となっている60代、70代は、古い価値観を壊したり乗り越えたりしてきた世代です。理不尽なことの強制や因習で息苦しかった時代に、自由な生き方を求めて行動し、実際に社会が変化していく中で人生を送ってきました。元来が新しいもの好きな、本質的に「シン（＝新）・老人」であることは間違いありません。

リタイア後、人生の後半戦でもう一度、古い価値観を乗り越えていくことを呼びかけたいと思います。

●「子どもみたい」はうらやんでいる言葉

長く高齢の方と向き合ってきた私から見ると、少しくらい足元が不安になっても認知症になっても「この人は自由だな」「思うまま気の向くままに生きているなあ」と思わせる人がたくさんいます。

世間体とか他人の目とか、そんなものは気にしません。「かくあるべし」と自分を縛ることもありません。「年寄りなんだから仕方ない」「無理できないんだから好きにするよ」と、むしろ高齢になるほど自由になれるように思えます。

体の自由が利くうちに、奔放なくらいに行動しましょう。

繰り返しになりますが、そうすることで「元気な時間」が延び、日本経済にも好影響を及ぼすのですから。

何歳になっても夢みたいなことや常識からかけ離れていることを真顔で話す人を、「子どもみたい」と称することがあります。

この「子どもみたい」は、軽侮の言葉ではありません。

「いつまでも自由でいいな」「常識にとらわれなくていいな」といった、うらやましさがこめられた言葉でしょう。

自由かどうかを知るのはわりと簡単です。「幸せだな」と感じる時間があるかどうか、です。義務だの責任だの常識だの、みんなの目やつまらないプライドからも抜け出して、心が解き放たれたとき、そんな時間が生まれてくるように思うのです。

第3章

「趣味」「人間関係」「食事」を進化させる

ポイント21

楽しそうな人は周囲をも楽しい気持ちにする

高齢期の行動基準は「楽しいかどうか」で決めましょう。

義務感から、イヤなことをがまんして頑張る必要はありません。今まで十分がまんしてきたのです。「これをやっちゃいけない」という思い込みを取り払い、楽しいことだけをしましょう。

そう勧めても、「自分の楽しみを優先していいのだろうか」と考える「生真面目な人」もいるのではないでしょうか。

仕事への責任感や、家族への義務感で頑張って働いてきた人ほど、途方に暮れてしまうものです。

楽しさ優先の価値観をもったことがないからかもしれません。

でも、義務もノルマももう十分果たしたのですから、これから楽しさ優先に切り替えればいい。それだけのことです。

また定年退職した後の時間は、自分にとって役に立つこと（たとえば給料がもらえて収入になるとか）か、あるいは誰かのためになることをすべきだ、という考え方をする人もときどきいます。

生産こそ価値があると考え、消費に罪悪感を感じる人は意外に多く、「好きなことをして暮らすなんて、時間と金の浪費じゃないか」となるわけです。

女性に多いのは「自分にとって楽しいことを優先させると、家族や周囲に迷惑をかけるのではないか」と心配する人です。

夫や子どものための人生に疑問を感じつつも、自分を優先させることに抵抗を感じるケースは少なくなさそうです。

「待ってました」とばかり、高齢期に次のステージを楽しめる人は少数派かもしれませんが、そんなに厳格に自分を律したり周囲を気にしたりする必要はないのです。

楽しいことを優先させ、それで機嫌よく暮らすことができれば、周りの人にとっても

「好もしい人物」という評価になります。

いつ会っても何か楽しそうにしている人を見ると、こちらまで楽しい気持ちになってくるからです。「幸せな気持ち」の連鎖が起こるのです。


さらに自分にとって「楽しいこと」が、誰かに喜ばれることも多いのです。

たとえば釣りに出かけて、釣果を近所の人にお裾分けするなど典型的ですね。

カメラ好きの人が公園で満開の桜を撮影していたとしましょう。

近所の家族がお花見に来ていたなら、その楽しそうな様子を写真に撮ってプリントしてあげると、喜んでもらえるのではないでしょうか。

料理をするのが楽しいという人なら、腕をふるうことで家族や友人に喜んでもらえます。

何よりも、楽しいことを優先させて朗らかに暮らしている人は、周囲から好感をもたれます。

自分がとくに意図しなくても、結果として周りの人をも楽しい気持ちにする魅力を発しているのです。

ポイント22

どんなことでも趣味にできる

趣味や好きなことがすぐに浮かぶなら、自分にとって「楽しいこと」を生活の中で優先しましょう。「大好きな温泉巡りを思う存分、楽しめるんだな」とワクワクしてきますね。旅行が好きな人なら、行ったことのない町へと出かけるのもいいし、歴史好き、鉄道好き、地酒好きなど、自分のテーマで追求するのもいい。

「深化」のシン、「進展」のシンですね。リタイアを待ち構えていたような人なら、どんどん趣味が広がっていくかもしれません。

その一方で、「好きなことをしましょう」「趣味をもちましょう」と言われても、何をすればいいのか、思いつかない人もいます。

「リタイア後は趣味のひとつもないと早く老け込む」とか「趣味のある人のほうがうつになりにくい」などと言われると気にはなりますが、それまで趣味らしい趣味をもたなかった人が、しかも高齢者になってから急に趣味を見つけて始めるのは、それほど簡単なことではないようです。

高齢者の趣味というと、俳句とか盆栽をイメージしたり、美術館や博物館巡りといった高尚なものを思い浮かべたりするかもしれません。そうでないと、恰好がつかないと思われているフシもあります。

しかし「自分にとって好きなもの」「面白いもの」「興味の湧くもの」であれば、何でも趣味の対象になりえます。「三つ子の魂百まで」のことわざどおり、何歳になっても、好きなものは好きでいいのです。

子どものころに好きだったことを思い出してみてください。

「ミニカーを集めるのが好きだった」

「魚釣りが大好きで、釣り道具が宝物だった」

「なんと言っても鉄道。蒸気機関車の写真を撮りに北海道へひとり旅した」

そんな夢中になったことがあれば、再開するのもいいですね。SNSなどでレポートすると、同好の士との新しい人間関係も生まれるはずです。

「マイブーム」という言葉の産みの親であるイラストレーターのみうらじゅんさんは、

文筆業やミュージシャンなど、さまざまな分野で活動しています。

彼は小学生のころに仏像にはまって以降、フォークやロックなどの音楽、さまざまなスクラップ帳づくりや、世間的にはあまり評価されていなかったもののコレクションなど、次々に「自分にとって面白いもの」「興味の湧いたもの」に没頭してきました。

エッチな写真のスクラップとか、観光地のもらっても嬉《うれ》しくないような土産物とか、興味の赴くままに、没頭して面白がっている様子が、テレビや雑誌でよく紹介されています。年齢的には高齢者の仲間入りをしているみうらさんですが、容貌も発想力も、若いころから変わっていません。


みうらさんに限らず、作家、ミュージシャン、映画監督など文化人の中には、良識派から見ればくだらないことや、眉をひそめたくなるようなものを趣味にしている人も少なくありません。年齢の割に若く見える人が多いのですが、さまざまなことに興味をもつという思考習慣があるからだと考えられます。

要は「何かに興味をもつ」「好奇心をもつ」こと自体が大切です。そして、そのジャンルをより深める「深（＝シン）・老人力」へと進めれば、より効果的でしょう。

ポイント23

定年後は「止むに止まれぬ好奇心」が必要

脳の部位の中で、前頭葉がいち早く老化することは繰り返し述べてきました。早い人なら40代から萎縮が目立ち始め、使わないことで機能の低下に拍車がかかることにも触れました。

いわば脳のハードウェアについて説明したわけですが、もうひとつ大切なことは脳のソフトウェアの老化予防、つまり「思考の老化」を防ぐことです。

その方法のひとつが「さまざまなことに興味をもつ」という習慣であり、その実践が「趣味」というわけです。

すなわち「思考の老化」を防ぐには、「面白がること」が大切になってきます。

それには「役に立つ、立たない」とか「実現できる、実現できない」といった思考から離れることが必要になります。

あらゆるジャンルに、自分の好きなことを狭く、深く掘りさげているマニアがいます。いわゆる「オタク」と呼ばれる人たちです。

こうした人たちは「好奇心の幅が狭い」という点では、やや老化的な思考とも言えますが、その圧倒的な深さは好奇心あってのたまものです。

「鉄ちゃん（女性は鉄子）」と呼ばれる鉄道ファンは、思考の老化予防という点では有利なのではないかと思います。

とくに「乗り鉄」（鉄道に乗ることが好きな人）や「撮り鉄」（鉄道写真の撮影を趣味とする人）、「音鉄」（発車メロディや走行音の好きな人）の人たちは実際に行動してその場に行くからです。

最近、駅のホームや線路沿いなどで、スマホで列車の写真を撮っている中高年もよく見かけます。古典的な「鉄ちゃん」とは違い、普通のおじさん、おばさんがずっと日常的な雰囲気で、鉄道にスマホを向けています。鉄道の走っている風景が、「撮影しよう」という衝動をもたらしたのでしょう。これはとてもいいことだと思います。

鉄道ファンに限らず、世の中にはさまざまな「オタク」がいて、世間から見れば理解しづらいことに情熱を傾けています。

たとえば最近、地形を辿《たど》りながら町を散策する60代、70代が増えているようです。東京なら四谷、渋谷、赤坂、上野など、江戸時代に地形を活かした町割がつくられ、それを踏襲する形で現代の都市ができあがっているそうです。その様子を発見しては、嬉々として歩いているのです。

用水や水路に蓋をした暗渠《あんきょ》や、市区町村の境界を見つけるのも大喜びするポイントらしく、地図を眺めて興味が湧いた地形を見つけると、出かけて行って知らない路地についい入ってみたくなるようです。

●脳にとって好ましい人の価値観

ラーメン好きには何百軒もの店を食べ歩いた猛者《もさ》も多く、歴史や系譜、味、作り方などを研究して一家言のある人がたくさんいます。

老舗の名店から今のトレンドに沿ったニューウェーブ店まで食べ歩き、美味い店を発見することが無上の楽しみという人も全国にいます。

そんな人たちは新作ラーメンの情報を聞くと「食べずにはいられない」という衝動が

湧くのです。

「へえ、そんな人たちがいるのか。面白そう」と思えたでしょうか。

こうした「止《や》むに止まれぬ好奇心」は、定年によって長く在籍した会社などの組織を離れた後はとくに重要です。よくも悪くも周囲の刺激が少なくなって、思考の老化が進むからです。

思考が老化してくると「くだらない」「面倒くさい」「何が面白いの？」と、ものごとを突き放して捉えるようになり、自分から遠ざけるようになってしまいます。当然ながら、「一度、体験してみようか」と思うこともなくなります。

自分のポリシーなり価値観なりを頑固にもち続けている人が「くだらない」とひと言で片付けると、なんとなく立派に見えたりもします。

反対に、還暦過ぎて鉄道だ、地形散策だラーメンだなどと熱中しているような人は、一風変わった人のように見られそうです。

しかし、頑固に自分のポリシーや価値観にこだわって多少立派に見えるよりも、いい歳をして好奇心があふれた一風変わった人のほうが、脳にとっては好ましいのです。

ポイント
24

「張り合い」「メリハリ」が心を若返らせる

かつての心理学では、人間の心のありようは「内側から湧き出るもの」と考えられてきました。

ですから、うつや不安に悩む人への心理療法として、心の奥底を探って原因を究明する精神分析的な治療が盛んに行われていたのです。

しかし、現代の心理学では、心は「外側から規定されている」という考え方にシフトしてきています。

それに伴い、心理療法も「行動を変えれば心も変わってくる」という行動療法がトレンドになってきました。

精神分析ではなかなか治療の効果が上がらなかった患者さんが、行動療法によって快方に向かうことがよくあって、実践的な心の治療法として広まったのです。

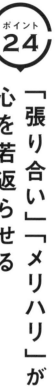

別の言い方をすると「行動が心を規定する」ということです。

「心の若さ」を保ちたいなら、振る舞いや身なり、言動、生活習慣を含めた行動パターンを「若さのある行動」に変えていけばいい。自らの行動によって、心は若返っていきます。

先述したとおり、変えやすいのはファッションでしょう。

シックな恰好ばかりしていた人なら、明るい色のシャツを着て、街に出かけるだけで気分は変わります。

似合わないと決めつけていた大胆なデザインや派手な色の服も着てみましょう。

女性なら（もちろん男性でも）新しいヘアスタイルや髪の色に挑戦してみるのもいいですね。

大切なのは「とにかく行動を起こす」ことです。

歳をとってくると、好奇心も減退しがちでなかなか新しいチャレンジができなくなっているのが普通です。

「とりあえずやってみよう。つまらなかったら、また別のことを探そう」という腰の軽さこそ、若さのある行動ということになります。

そうやって生活の中に生まれる「張り合い」「メリハリ」が心を若くしていきます。出歩いたり人と話したりすることになり、頭も体も若くなってくるのです。

「行動が心を規定する」ということは、裏を返せば、家に引きこもって、身なりもかまわない生活を長く続けてしまうと、どんどん自信がなくなって弱気になってくるということです。

ますます出かけたくなくなり、負の連鎖によって急速に老け込んでしまいます。

共感力や好感度が高く親密な人間関係を築く力「シン（＝親）・老人力」を発揮できれば、そんな負の連鎖にもブレーキをかけられます。

ときどきは親しい友人に会いに出かけるなど、行動を起こしている限り、老化するスピードは遅くすることが可能です。

ポイント25

ヘタな節制は「しょぼくれ老人」への道

江戸時代の健康本のベストセラーである『養生訓』には、さまざまな「欲を慎しむ」ことが健康長寿の秘訣とあり、「年寄りは少しだけ食べるのがいい」と、しきりに節制を説いています。

これは著者の貝原益軒《かいばらえきけん》が医者というよりも、私欲を抑えることを説く儒者だったことも関係しているのでしょう。

ただ、生真面目な日本人にはなじみがよかったらしく、現代でもダイエットしたほうが健康的だとか、節制したほうが長生きできるなどと思われがちです。

しかし実際は逆で、がまんや苦行はとりわけ高齢者にとっては体に悪いのです。ヘタな節制は老化を進めてしまいます。『養生訓』から300年以上も経った現代ですが、その思想は思いのほか根強く残っているようです。

「歳をとってきたら肉は少なめにして、野菜中心の食事にしたほうがいい」

「コレステロールが心配だから、やはり肉は控えたほうがいいんじゃないか」

などと思ってはいないでしょうか。

さらに「ダイエットをすれば健康になれるだろう」という〝間違った知識〟が、多くの人に刷り込まれていますが、これは大きな誤解です。


とくに60代以降のダイエットは、健康には結びつきません。むしろマイナスが多いと知っておかなくてはいけません。

たとえば「血糖値や血圧に問題はないけれども、少し太っている」という人が、食事の量を減らしていくと、ビタミンやたんぱく質、コレステロールといった栄養が不足してきて、代謝が悪くなってしまいます。

少し説明を加えましょう。

食事で摂った炭水化物であれ、体にたくわえた脂肪であれ、分解してエネルギーに変えていく過程では、ビタミンなど欠かせない物質があります。

体の中はきわめて複雑で精密な化学工場なので、さまざまな栄養素が一定量ないと稼動できません。

不足すると、食事で摂取したり脂肪として体についたカロリーをエネルギーとしてうまく消費できなくなったりするために、余ったカロリーは脂肪の形でどんどん体に蓄積していきます。

●コレステロールは男性ホルモンの材料

中高年以降、よく「若いころより食が細っているのに太ってきた」という人がいて、スポーツクラブなどでは「年齢とともに筋肉の量が減って、基礎代謝が下がるから」と説明されます。

間違いではありませんが、臓器や細胞の機能が低下したために、脂肪を溜め込みやすくなっている点は見逃せません。

やせにくい体質は代謝が悪い体であり「老化した体」にほかなりません。ダイエットは、老化を加速してしまうのです。

一般的に「足りない」ほうが「余っている」よりも、体や脳に悪影響を及ぼします。

しかも年齢を重ねるほど、不足することによる影響が出やすくなります。
たとえば嫌われ者のコレステロールですが、細胞壁の材料なので、不足すると体はしぼんで見えるし、肌もツヤがなくなってきます。セロトニンを脳に運ぶことにも関わっているので、うつのようになって元気がなくなります。

さらにコレステロールは男性ホルモンである「テストステロン」の材料です。「歳をとれば枯れてくるのだから男性ホルモンなんかいらないだろう」などとは思わないでください。

男性ホルモンは活力の源泉であり、男女どちらの体でもつくられていて、行動意欲に大きく関わっています。

それでなくても前頭葉が萎縮し、動脈硬化も進行してくると、意欲が減退してなかなか動こうとしなくなってくるのです。「コレステロールが気になる」と、肉や卵を減らすのは「しょぼくれ老人」への早道。逆効果でしかありません。

〝ヘタに節制しないほうが健康にいい〟と考えましょう。

ポイント26

若々しくあり続けるには〝肉食〟こそ正義

「活動意欲を維持する」「運動機能を維持する」――60代になって定年退職した後の生活で気をつけなくてはいけない2本柱です。

前章でも述べたように人間の体は「使わなければ衰える」ため、何ごとにも現役であり続けることが大切ですが、その前提として重要になるのが栄養です。

意欲の低下を防ぐためにも、私は「肉」を食べることを勧めてきました。

そもそも中高年が「ダイエットをすれば健康になる」と刷り込まれたのは、「メタボリック・シンドローム」を恐れているからでしょう。

ご存じのとおり、「メタボリック・シンドローム（通称・メタボ）」は、内臓脂肪の蓄積に加えて、血圧、コレステロール、血糖値に異常が見られる状態で、糖尿病や心筋梗塞などの病気を引き起こしやすくなることを意味します。このメタボ予防のための指標としてよく知られているのが「BMI」です。

BMIは「体重（kg）÷身長（m）の2乗」で導き出される数値で、WHO（世界保健機関）の基準で「普通」とされる18・5〜25の間に収まるのが望ましいと言われます。

しかし、世界中のさまざまな統計データを見ると、BMIの数値が25を超えた人のほうが、長生きする傾向が少なくないのです。

2009年に日本で発表された研究結果では、40歳時点の平均余命がもっとも長かったのは、男女ともにBMI25〜30の人でした。

その一方で、平均余命がもっとも短かったのは、18・5未満の人です。両者の間の平均余命を比較すると、男女ともにBMIが高い人のほうが6〜7年ほど長生きすることがわかっています。

2006年にアメリカで行われた国民健康栄養調査でも、BMI25〜29・9の人がもっとも長生きであり、18・5未満の死亡率は、その2・5倍も高かったのです。

つまり、いちばん長生きなのは「ちょっとぽっちゃりした小太りの人」であることが統計データにはっきりとあらわれているのです。

もちろんＢＭＩ30を超えるような「太りすぎ」になると心筋梗塞などのリスクが高まります。しかし、小太りの中高年がメタボ予防のために「やせなければ」と過剰に反応するのは問題です。

せっかくいい状態にあるのですから、やせる必要はまったくありません。

そもそも、メタボや動脈硬化など生活習慣病の予防が大切なのは50代まで。60歳からはヨボヨボしないようにすることが最優先の課題です。

●肉にはセロトニンの材料が豊富に含まれる

なぜ歳をとると意欲が低下してくるのでしょうか。

その理由のひとつが、脳内の神経伝達物質であるセロトニンの減少です。セロトニンは別名「幸せ物質」とも言われ、セロトニンがたくさんある状況では多幸感があって、なんとなく幸せそうにしていられます。

ところがこのセロトニンは、歳をとるとともに減少していきます。そのため高齢になればなるほど幸福感や意欲も低下し、うつになる人が増えてしまうのです。

気分が沈むとかイライラするなど、感情が不安定だと感じるようになったら、肉を多めに食べてみましょう。

セロトニンの材料となるのはトリプトファンというアミノ酸ですが、肉にはこのトリプトファンが多く含まれています。

また肉にはセロトニンを脳へと運ぶコレステロールも含まれているため、肉を積極的に摂ることが、意欲の低下を抑えることにつながります。

ステーキやすき焼きを食べると、なんとなく幸せな気持ちになって元気が出てくるのは、こうしたメカニズムが働いているためです。

肉を食べることで、意欲の低下を防ぐと同時に、豊富に含まれるたんぱく質によって、骨や筋肉がつくられるため、運動機能の衰えも防ぐことができます。

心身ともに充実した「シン（＝心、身）・老人」であり続けるためにも、なるべく肉を食べるように意識してください。高齢者は「肉食こそ正義」です。

ポイント27

肉食で免疫力が高まり、血管も丈夫になる

コレステロールが悪者として見られがちなのは、動脈硬化を促進し、心筋梗塞のリスクになるという理由が喧伝《けんでん》されたからですが、そもそも「本当にコレステロールが体に悪いのかどうか」は、実はよくわかっていないのです。

免疫学者には「コレステロール値が高いほうが長生きできる」と考える人が少なくありません。それというのも、コレステロールは細胞膜を構成する重要な物質であり、免疫細胞にも欠かせないためです。

たくさんの免疫細胞がつくられ、しっかりと働いて免疫機能が活性化することで感染症にもかかりにくくなるし、ガン化する細胞も排除されるのです。

日本は「心筋梗塞よりもガンで死亡する国」です。毎年、心筋梗塞のおよそ1・8倍の人がガンで亡くなっているのです。一方、心筋梗塞が国民病と言われ、死因トップに

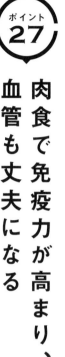

なっているのがアメリカです。それゆえにアメリカ人はメタボリック・シンドロームに注意する必要がたしかにあります。

しかし日本は違います。日本には、欧米のように極端に肥満の人はほとんどいないし、欧米のように「太りすぎて歩けなくなった」「手術して胃を小さくした」といった人も極端に少ないのです。

こうした疾病構造の違いも考えると、「心筋梗塞で死ぬ国はコレステロール値を低めにしておいたほうがいい」「ガンで死ぬ国はコレステロール値をむしろ高めにしておいたほうがいい」とも言えます。

アメリカ人の1日当たりの肉の摂取量は約300g。これだけ多ければ、肉を食べる量を減らして肥満や動脈硬化を抑えて心筋梗塞を減らそうとするのは合理的です。

これに対して、日本人の1日当たりの肉の摂取量は約100g程度にすぎません。もともと少ないのにさらに減らしてしまうと、高齢者にとって大事な栄養素であるたんぱく質は足りなくなるし、免疫細胞の材料となるコレステロールも不足する可能性が高くなります。

昭和40年代まで、日本人の死因は断然、脳卒中（脳血管疾患）でした。

そのころまで日本人は、肉をほとんど食べていなかったために、たんぱく質不足だったことが大きな原因です。厚生労働省の統計によると、昭和40年当時の日本人は、肉を1日当たり30ｇも食べていません。

若く健康な人の血管はゴムのように弾性があるものですが、材料となるたんぱく質が不足している人の血管はもろいのです。

秋田県では昭和50年代まで脳卒中が死因のトップだったのですが、塩辛い漬け物とご飯が中心で魚や納豆を少し摂る、という食生活が大きな要因でしょう。

塩分が多くてたんぱく質が少ないのだから、血圧が高いのに、血管はもろくなる。これでは血管が破れるのも無理はありません。

その後、秋田県では減塩運動が進められて脳卒中が減ったため、減塩のみが注目されていますが、たんぱく質の摂取量が劇的に増えていることを見落としてはいけないように感じます。

しかもたんぱく質が不足していたころの秋田県は、全国的に見て自殺が目立って多かったのですが、近年ではこれも減少しています。肉を多く摂取するようになって、セロトニンや男性ホルモンも増え、うつに陥りにくくなった面があると考えられるのです。

ポイント
28
美味しいものを食べるのは健康への近道

齢を重ねれば食欲も落ちてくるのが普通です。栄養が不足しがちになるので、本当なら意識してしっかり食べる必要があります。

それなのに「粗食は体にいいから」という誤った〝常識〟を信じているために、低栄養の状態になっている人は少なくありません。

暴飲暴食は論外ですが、お腹が空いてつらい思いをするとか、好物のステーキを半分に減らすといったがまんをする必要はまったくありません。歳をとればとるほど、好きなものをがまんせずに食べていいのです。

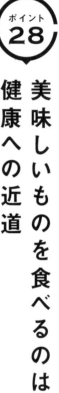

私が診療している60代の方の中にも、見た目がすっかり老け込んでしまった「見た目年齢」が高い患者さんが来院します。

こうした人は体全体がしぼんだように見え、皮膚にハリがなく、しわが目立つので一見70代半ばか、それ以上に見えます。60代以降なら、おおむね少しぽっちゃりしたくらいの人のほうが肌ツヤもいいし、活動的な印象です。

つまり「太るのは不健康だ」と信じ込んで、過剰なダイエットによって低栄養の状態にさらされることのほうが、ずっと不健康です。

60代、70代で低栄養の状態を続けていると、さらに歳をとったときが心配です。というのも、もう少し高齢になると、誰でも気力や体力が衰えてきます。

すると、外出の機会や社会的な交流が減ったり、活動量が低下したりするので、エネルギーの消費量が少なくなり、さらに食欲が低下したり食べる量が減ったりします。

その結果、筋力や筋肉量が減る「サルコペニア」になりやすくなります。するとさらに外出しなくなり、社会的な交流や活動量が低下し、エネルギーの消費量が少なくなり……という悪循環へと陥ります。

これが「フレイルサイクル」と呼ばれる状態で、フレイル（虚弱さ）が負のスパイラルとなって、要介護の状態へと向かってしまうのです。

「やせなくてはいけない」という強迫観念がストレスになっている人もいます。

ストレスは免疫機能を低下させる要因ですから、健康にはさらに大きなマイナスとなってしまいます。

健康への意識は高いのに、そうやって老化が進んでしまう残念な人は決して少なくありません。私個人としては、そうしたがまんや努力が長生きにつながるかは怪しいと考えています。

●美味しいもので前頭葉が活性化

先にも述べたように、日本人の死因トップはガンです。

ガン予防にもっとも大切なことは、免疫機能の維持です。ガン細胞も含めて出来損ないの細胞を排除するのは免疫機能だからです。

食べたいものをがまんする生活は、動脈硬化は防ぐかもしれませんが、免疫機能を低下させてしまいます。

動脈硬化から起こる心筋梗塞にかかる人は減るかもしれませんが、ガンにかかるリスクは高まります。もともと日本人は、ガンにかかる人は心筋梗塞にかかる人より、およそ1・8倍も多いのです。

結果的に、食べたいものをがまんする生活は、日本人の寿命を短くすることになりかねません。食べたいものを食べ、美味しいと感じたほうが、免疫機能も高め健康に寄与する可能性が高い。快体験は、免疫機能の維持にいい影響を与えるからです。

さらに、美味しいものを食べるとき、人の前頭葉は大いに活性化します。

老人ホームなどで多くの高齢者を見ていると、「食べること」は大きな楽しみになっているとつくづく感じます。

とくに中高年以降、贅沢なグルメでなくても「食べる楽しみ」は、誰にでもできて脳を活性化させる効果的な方法です。

ただ、お酒については注意が必要です。

高齢になると、飲み仲間がいないとか、眠れない、気分が晴れないといった理由から、ひとりで飲むことが多くなります。

ひとり酒は酒量が増えやすく、アルコール依存症のリスクも高くなってしまいます。

好きなものを味わいつつ、お酒をたしなむくらいならいいのですが、飲むたびに酩酊《めいてい》するようなひとり酒の習慣がつかないように気をつけなくてはいけません。

ポイント
29

口腔ケアは「シン・老人」に必要なたしなみ

高齢になればなるほど「食べることは生きる喜び」になっていきます。「美味しく食べる」ことは幸福な人生に直結していると言っていい。このことに関連して、ぜひ知っておいてほしいのが「噛む」ことの大切さです。

もちろん、しっかり噛んで食べたものを咀嚼《そしゃく》すれば、それだけしっかりと栄養を摂ることができますが、それだけではありません。

「噛む」こと自体が、脳にいいこともわかっています。

以前、ガムを噛みながら記憶力テストをしたところ、正解率が2倍に上がったという報告がありました。ガムを噛んでいるときの脳の状態を調べたところ、血流量が増えており、とりわけ脳の奥深くにあって短期記憶を司っている「海馬」の血流が増えていたそうです。このメカニズムは以下のように考えられます。

ガムを噛むと、ほほの少し後ろにある咬筋《こうきん》が動きます。その咬筋は、三叉《さんさ》神経によって脳とつながっているので、咬筋を動かしたことによる信号によって、脳が刺激され血流が増えるという仕組みです。また、ガムを噛むと歯の歯根膜が圧力を受けます。歯根膜からの信号も脳へと伝わって刺激となるので、こちらも脳の活性化につながります。

脳の衰えを防ぐためには「噛む力」が重要なのです。

さらに歯が悪い人は認知症になりやすいことが知られています。

60年以上の長期にわたり、生活習慣病の疫学調査をしている「久山町研究」のデータによると、残存歯数が少ない人ほど認知症の発症リスクが高くなることが明らかにされています。すなわち、歯が20本以上ある人に対して、10～19本が残っている人は1・62倍、1～9本の人は1・81倍でした。

これには2つの理由が考えられます。

ひとつは、噛む回数が減ることで脳への刺激が減り、認知機能が衰えること。もうひとつは、噛む力が衰えると、生野菜などの何度も噛む必要のある食べ物を避けて、麺類など柔らかいものを食べる機会が増えること。そうすると脳や神経細胞に必要なビタミンなどの栄養素が不足するため、やはり認知症の発生リスクを高めることになるのでしょう。

こうしたことから、私は健康に長生きしたければ義歯やインプラントなど、歯にはお金をかけたほうがいいと思います。

虫歯が痛いとか、歯が抜けてよく嚙めない状態では、栄養がしっかり摂れません。元気で長寿を保っている人には、80代や90代でもステーキが好物という人がたくさんいます。そのための大前提になるのが、歯がしっかり揃っていることです。

しっかり嚙めるように歯を整えることで、美味しく食事することができますし、人と話すのも自信がつくので、社会的な交流も活発にできるようになる。

歯にはお金をかけても、かけた以上のメリットがたくさん期待できます。ヘタなダイエット商品を購入するより、ずっと「投資効率が高い」のです。

●歯周病は万病のもと

歯だけでなく、歯茎などのケアも怠ってはいけません。甘く見てはいけないのが、歯周病です。歯周病菌と呼ばれる数百種の細菌群が引き起こす、歯茎などの炎症性疾患のことです。歯周病菌は炎症を起こした歯茎から血液に乗って全身を回るため、さまざまな病気に関係しています。

歯周病になると糖尿病の症状が悪化する、そもそも糖尿病の人は歯周病にかかっている比率が高いという相互の関係はよく指摘されます。また、心臓の弁や内膜などで炎症を起こしたり、気管支炎、肺炎を引き起こしたりします。

動脈硬化を進行させて狭心症や心筋梗塞、脳梗塞へとつながったり、悪化させたり、全身の状態に悪影響を及ぼして健康寿命を縮めることになります。

近年は、認知症の原因として「慢性的な炎症」が注目されていますが、歯周病は、口の中で常に炎症が続いている状態です。

認知症の先端的な治療では炎症を抑えることが重視されており、予防法としての効果も期待されています。

脳にも近い口の中で、炎症がずっと続いている状態は、やはり避けなくてはいけません。歯や歯茎の状態は全身の健康状態にも大きく関係してくるので、食事ごとに歯を磨く習慣や、歯科医に定期的に通ってチェックするなど口腔《こうくう》のケアは「シン・老人」に必要な大人のたしなみです。

第4章

イヤなことをせず 好きを がまんしない

ポイント30

イヤなことをせず嫌いな人とつきあわない

定年まで会社などの組織で長く働いてきた人たちは、協調性に優れ、がまん強くものごとに対処できる長所があります。

ただ、組織を離れて自由に生きられるようになったのに、世の中の〝常識〟に従って、自分の願望・欲望を抑えてしまうケースが多いのです。人生100年時代を楽しく幸せに生きるために、リタイア後は、がまんして自分を抑えることをよしとするマインドセット（固定観念）を、なるべく早く切り替えていただきたいと思います。

ここまで述べてきたように「がまん」は老化を促進します。ストレスであれ栄養不足であれ、さまざまな不健康の元凶といっても過言ではありません。

日本人は「節制やがまんが美徳」と考える人が多く、過剰なまでに自分の欲や娯楽を制限してしまう傾向があります。若いころならそれがプラスに働くケースもあるかもしれませんが、60代からはほぼマイナスになってしまいます。

高齢期を健康に過ごし人生を楽しむために、重要になるのは「免疫機能の維持」です。この本で掲げる「シン・老人力」を担保するのが免疫機能だと言えるでしょう。

免疫機能が高い人は、病気やストレスなどにも強く、より健康に生きられます。

新型コロナウイルスが流行したとき、感染した人と感染しなかった人の差について要因のひとつとして挙がったのが「免疫力」です。

日本人の2人にひとりがかかり、3人にひとりの死因であるガンも、加齢による免疫機能の低下が関係しています。

また、高齢者の場合、風邪で免疫力が落ちたことがきっかけになって、誤嚥性肺炎を起こして亡くなる人が非常に多いのです。

では、免疫機能を高く維持するにはどうすればいいのでしょう。私が勧めているのは、できるだけストレスをなくして「思いっきり人生を楽しむこと」です。

不安やストレスが多い人ほど「免疫力」は低下します。

免疫力の高かった若いころでも、「仕事が忙しい最中にインフルエンザにかかった」「失恋したら風邪をひいた」という体験をした人もいるはずです。

心や脳の働きが免疫機能に大きな影響を及ぼすことは、近年、精神神経免疫学という分野の研究から明らかになりつつあります。

嫌なことはなるべくやらず、楽しいことを優先するのが60代の鉄則です。

●交友関係をつくりなおそう

60代から70代へと年齢を重ねるとともに、だんだん人づきあいはおっくうになってくるものです。これにはやる気や積極性をもたらす男性ホルモンの減少が関係しており、とくに男性の場合、人づきあいが少なくなる傾向が目立ちます。

反対に閉経後の女性は男性ホルモンが増えるので、元気で社交的な性格がますます強くなることもあります。妻はしょっちゅう友だちと外出するのに、夫は家に引きこもりがち、という夫婦が増えるのも高齢期のホルモン事情が背景にあります。

とはいえ、老化を防ぐには人づきあいは欠かせません。男性も女性も、人と会話して交流すると前頭葉を使うため、脳の老化を遅らせることにつながります。

また、人づきあいをしていると、男性ホルモンが少しずつ増える側面があり、気力や積極性が出てきて、さらに人と交流する意欲が増す好循環も生まれます。

定年後、それまでの人間関係をすっぱりと断ってしまう人もいますが、なるべく人づきあいは続けましょう。「親しくする力」は保っておきたいですね。

ただし、嫌な人とつきあうことはやめたほうがいいでしょう。

仕事から少し距離をとれるようになってくるので、義務感や惰性から嫌なつきあいをしなくてもすむはずです。

自分の気持ちに素直になって、好きな相手、楽しい仲間とだけ交友関係をつくりなおせばいいのです。

野球やサッカーの話題であれ、時事問題であれ、興味と意見の共通する相手と何でも言い合えるのが前頭葉の活性化には理想的です。

興味は同じでも、この年齢になると前頭葉の萎縮が進んでおり、意見の相違から喧嘩《けんか》になりやすくなっています。

映画好き、ラーメン好き、鉄道好き、歴史好きなど、趣味が一致する人の中からは、意見や気の合う相手が見つかりやすいかもしれません。「シン・老人」は「芯」のある仲間とだけつきあえばいいのです。

ポイント
31

嫌われることを恐れてはいけない

日本の社会では、我を貫いて生きることはマナー違反とされる傾向がありました。いわゆる「ムラ社会」と言われるような価値観が、会社であれ学校であれ人間関係のあるところには必ず存在しました。

そこで何より嫌われるのは集団の和を乱すことで、ムラの秩序に従わない人は、いわゆる「村八分」になって、つまはじきにされたわけです。

火事と葬式だけはつきあうけれども、そのほかの一切は仲間外れにされてしまうのですから、ムラのルールに従うしかありません。

昔、村八分にされるような我の強い嫌われ者は、介護が必要になっても周囲から助けてもらえなかったわけです。私たちが過ごしてきた昭和の時代は、まだまだそんな文化が残っていました。

しかし今は要介護認定を受ければ、介護支援を受けることができます。周囲のサポートがなくてもなんとかなる。

つまり「嫌われてもいい」と開き直ることができる時代です。

その意味で、２０００年４月にスタートした介護保険制度は、この「ムラ社会」的な価値観に風穴をあけたとも言えるでしょう。

介護保険制度が始まって20年以上経ち、時代は変わっています。

それなのに、「周囲の人と仲良くしなければいけない」「人に嫌われたくない」という考え方だけ残っていて、周囲に合わせようとする人が、高齢になればなるほど多いように思います。

「嫌なことはしない」「楽しいことを優先する」を人生の鉄則にしたときにも、気持ちにブレーキをかけてしまうのが、こうした人間関係への遠慮です。

さまざまなしがらみをがまんして、自分を押し殺して生きてきた人も、高齢になったら、そんな遠慮の檻《おり》から自分を解放しましょう。

今まで長くがまんしてきた人が、自分を解放して我を出すには練習が必要かもしれません。そのもっともいい方法は思ったことを言葉にしてみることです。

「これは言っちゃまずいんじゃないか」とためらうようなことでも、言い方やタイミングには配慮しつつも、思い切って言葉にしてみましょう。

本音を口にすると、反論する人が間違いなく出てきます。しかし一方で、思った以上に好意的な反応を示してくれる人もいるはずです。

●意見が合う人は必ずいる

たとえば、新型コロナウイルスを恐れてワクチン接種は受けるのが当然という高齢者の中にあって、以下のような意見を口にしてみてください。

「自分はワクチン接種は受けない。副反応のデメリットを上回るメリットはないと思う。年寄りはどんな病気でも命取りになるのだから、新型コロナウイルスだけ恐れるのはいかがなものか」

本音を口にして険悪になるようなら、その相手とは疎遠になったほうがよさそうです。会うたびに不愉快な思いをするようなら、人づきあい自体が嫌になってしまう恐れがあるからです。

意見の合う人も必ずいるものです。

嫌われることを恐れて、がまんする必要はありません。

世の中のいろいろなことに対する考えがたったひとつしかないと考え、それを信じ込むことは、前頭葉の老化を進め、脳に悪い影響を及ぼします。

また、それが行き詰まったとき、うつになるなどメンタルヘルスにも問題を生じます。

ところが日本では、テレビでもラジオでも、「○○はいい」「××は悪い」と正解を求め、一方向性のオンパレードになっています。

そこで私は、世間の人があまり口にしない別の考え方を提示して、考えるヒントを少しでも増やそうと試み続けています。

脳の老化予防、メンタルヘルス、頭の柔軟性が少しでもマシになるように、テレビやラジオではなかなか放送されない暴論も含めて、私の考える正解、私の本音を、これからも提供し続けていきたいと思います。

ポイント32

定年後は「人づきあい」に惜しみなく投資する

「人生＝仕事」のような生き方をしていた男性は、定年後、自分の新しい人生にいきなり直面することになるため、戸惑う人が少なくありません。

喪失感を覚えてひどく落ち込んでしまう人もいます。勤めていた期間が長ければ長いほど、そうしたリスクは高くなります。

定年をきっかけに落ち込んでしまい、活動レベルが一気に低下するのは、老化を加速させる大きなリスクになるため、新しい人生に〝軟着陸〟させる必要があります。

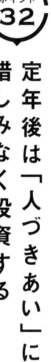

喪失感が仲間を失ったことによるものなら、飲み会でもゴルフでも、定期的に気の合う仲間で集まる機会をつくるなどしてみてはどうでしょうか。同期全員に声をかけるまでもありません。気の合う仲間とだけ交友を楽しめばいいのです。

仮に「自分が会社を辞めたとたん、親しくつきあっていた人が離れていった」といった理由で鬱々としているなら、少し問題です。職場を離れたことで、自分自身を失ってしまったかのように感じているのかもしれません。

でも、こうした人間関係はなくなって良かったと思いましょう。

たとえば「部長のときは親しくしていたのに、対応が悪くなった」というのなら、その相手はあなたの肩書きを見てつきあっていたにすぎません。

退職して肩書きがなくなったおかげで、本当の人間関係をつくるチャンスが増えたと考えることもできます。

趣味の世界でもボランティアでも（もちろん新しい仕事でも）、意見や価値観の合う人、話していて楽しい人と、新たな人間関係をつくっていきましょう。


超高齢化が進む今、60代、70代は喪失体験をもたらすような「人生の節目」が次々と訪れる時期だと言えます。

象徴的なのは、親の介護や死別です。

以前ならこうしたことはもっと若いときに経験することでしたが、「人生１００年時代」と言われる今は、60代や70代で体験することが多くなっています。配偶者が病気になって介護することも増えています。

こうしたさまざまな「人生のイベント」は、50代までの心身ともに充実しているときなら、多少はつらくてもなんとか乗り越えられるものです。定年前なら、会社の同僚や総務の人が何かと力になってくれたりしたでしょう。

しかし60代、70代になって、心身の機能が衰えてきた時期に起こると、かなりの負担になることがあります。

●紳士的に遊び歩く不良老人に

精神医学では「うつ病を患《わずら》う最大の原因は愛する対象を失ったとき」とされています。親や配偶者の死は、人生における最大の喪失体験になります。

日本の男性の場合、仕事を通じた人間関係が非常に濃密ですから、定年は大きな喪失体験となって心にダメージを負いやすいのです。実際、精神科医の間では、「定年後にうつ病になる人が多い」というのはよく知られています。

定年退職した後であれば、「人づきあい」に惜しみなくお金を使うべきです。「親（親しみやすさ)」を心がける「シン・老人力」を発揮するのです。

人との会話は、とりわけ前頭葉への刺激になります。

会話から新たな知識や情報を得たり、その場の話題づくりのためにネタ探しをしたり記憶を引き出したり、あるいは相手の気持ちや考えを推し量ったりと、前頭葉はフル回転です。

そして人と飲食をともにすることで感情が浮き立ち、気持ちも若返ります。

人づきあいへの「投資」は、脳の若返りに必須です。

周囲から「毎日、紳士的に遊び歩いている不良老人」と思われるくらいがちょうどいいのです。

もし定年前なら、職場以外の人間関係をつくることを意識してほしいと思います。定年後に始めたい趣味を見つけてそのサークルに加入しておくとか、地元の町内会に入って役員になったり、カルチャースクールに通ったりして、新しい人間関係を構築しましょう。「会社以外の居場所」をつくっておくことで、定年後の喪失感を回避することができます。

ポイント33

意識的に「がまんしない生活」を心がける

「がまんしてはいけない」と聞けば、若くて元気な人は、「恋愛も？」と思い浮かべるかもしれません。

実は、歳をとればとるほど、恋愛のもたらす「若返り力」は重要です。想像しただけで湧いてくるドキドキする感覚を抑えてはいけません。

というのも、恋愛によって得られるときめきやドキドキ感は、前頭葉にも強い刺激を与えます。医学的には悪いことではありません。

本気になって暴走して、家庭を壊してしまうのはマズいのですが、感情を沸き立たせて、しかも結果が不確定という点で、恋愛は前頭葉の刺激には最高です。

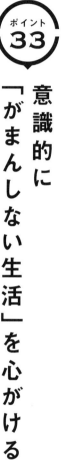

プラトニックでも効果はあるので、浮気までする必要はありません。

男女交えて歴史探訪の街歩きをするとか、ワイン会を開いてみるといった、異性に心をときめかせる機会をもてばいいのです。

反対に、道徳で自分を縛ってしまい、ただ異性と会って話をするだけなのに罪悪感を感じるような、恋愛感情への過度な抑制は老け込みのもとです。少なくとも心の中はもっと自由であっていいのです。

ただし「シン・老人」の行動はあくまで紳（＝シン）士的に、です。

代わり映えのしない日常の中で、加齢によって前頭葉の機能が衰えてくると、毎日はますます退屈なものになっていくので、前頭葉への刺激はさらに低下します。

この悪循環に歯止めをかけるためには、あえて強い刺激を求めることも必要になってきます。

前頭葉は一般に、快体験の強いときのほうが働きやすいという性質があります。

反面、がまんや過度の節制を強いられるような禁欲的な生活の中では、決まりきったルーティンの思考になって自由な発想ができなくなる傾向があります。

こうした前頭葉の性質を知っておくことは、とても大切です。

日本人の民族的な特徴として、海外からは「がまん強くて真面目で几帳面《きちょうめん》」とも評価されますが、この特徴にはリスクが潜んでいます。

「前頭葉を若々しく保ちにくい」という弱点です。

「がまん強くて真面目で几帳面」は、決まりきったルーティンを繰り返す状況にはよく適合します。

しかし、毎日同じスケジュールで、同じメンバーと、同じような行動をしている代わり映えしない日々を繰り返していると、前頭葉は活動することをサボってしまいます。

学校を出て社会人になり、新鮮な驚きに満ちていた毎日も、仕事に慣れて生活にも倦《う》んでくると、前頭葉があまり活動しなくてもいい環境に落ち着くことが多いのです。

定年退職をした後の生活は、輪をかけてルーティンを繰り返す刺激のない日々になりがちです。

それでなくても歳をとるとともに、前頭葉の働きは衰えてきます。60代になったら、意識的に「がまんしない生活」を練習するくらいの心がけが必要です。

周囲から少しくらい顰蹙を買ったって、そこは長く元気でいるための「必要なコスト」と考えましょう。

ポイント34

誰かを褒めると「いいこと」が起きる

先述したように、何歳になっても異性の目を意識することは非常に大切です。

以前に比べると、現代は50代、60代になっても「まだ恋愛ができる」と、世の中全体が、その可能性を認める方向になっています。私は、これは非常に好ましいことだと思っています。

異性の目を意識すれば、外見をお洒落にしようとも思うでしょう。これは当然、感情の老化予防に直結します。

また「きれいですね」「若いですね」と褒められたり、食事やお酒に誘ったり誘われたりして快体験と感じると、「NK（ナチュラルキラー）細胞」（免疫細胞）が活性化されます。

つまり、「男であること」「女であること」を意識することは、前頭葉機能や免疫機能の維持にプラスに働くわけです。

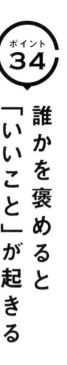

高齢者にこそ、若さを保つために胸をときめかせる体験が大切になってきます。

家庭内でトラブルになって心労の種……というのはマズいのですが、男女の出会いの機会が増えるだけで、まず例外なく若返って元気になります。

「若返り」に関して、最大のカギとなるのは「人」です。

人はストレス源にもなれば、ストレスを打ち消す妙薬にもなります。異性ならさらに効果的です。人と楽しく会話したとき、ストレスが消える理由のひとつは、脳内で気持ちを明るくする神経伝達物質、ドーパミンが分泌されるためです。

会話のときのちょっとした工夫で、このドーパミンを増やすことができます。

それが「相手を褒めてみる」ことです。褒められると承認欲求が満たされるので、相手はそれがお世辞とわかっていても、悪い気はしないものです。

すると社会心理学でいう「好意の返報性」が働きます。

人は「自分を好きになってくれる人が好き」であり、相手を褒めればお返しにこちらを褒めてくれる確率が高くなる。

こちらも褒められて嬉しくなり、ドーパミン量が増える、ということになります。相手を褒めると自分のドーパミンも増えるのです。

人を褒めるには、まずは相手の長所を見つける必要があります。観察力を働かせたり、相手の言っていることをきちんと聞いたりして、どこをどう褒めれば効果的か頭を働かせなくてはいけません。

その上で、最適な言葉を選んで話すのですから脳はフル回転しています。一連のハイレベルな思考作業は、脳を鍛えることにもなります。

人づきあいの中で、頭をひねって褒め言葉を探すのは、理想的な脳トレーニングと言えそうです。

人づきあいも、相手を褒めることも、がまんして続けることではありません。嫌いな人とイヤイヤつきあって、口先だけで褒めたのでは、相手にもその気持ちが伝わってしまいます。

歳をとったら万事、がまんはしないほうがいいのです。

ポイント35

酒、タバコ、ギャンブルもほどほどに楽しむ

幸か不幸か日本人には、いわゆるアルコール分解酵素をもたない人が多く、また肝臓や胃が弱いこともあって、欧米のように、脳がおかされるほど重度なアルコール依存症の人はあまりいません。

アルコール依存になるほど飲むのは論外ですが、健康に悪影響のない範囲で飲むのは人生の楽しみでもあり、無理にがまんして禁酒する必要はありません。

アンチエイジングの大家として知られるフランスのクロード・ショーシャ博士によると、ワインでハーフボトル（375㎖）までは大丈夫だと言っています。

日本酒なら2合、ビールで大瓶1本程度くらいですが、日本人が少し酒に弱いことを勘案しても、その半分くらいならとくに悪影響はないようです。

タバコはどうでしょうか。

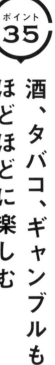

60代以下なら、私は迷うことなくタバコはやめることを勧めます。

タバコは、細胞を老化させる原因になるだけでなく、ガンになる確率が高くなります。また、動脈硬化を進めて心筋梗塞や脳梗塞のリスクを高めたり、肺胞の組織が破壊され肺気腫になったりと、QOL（生活の質）を大きく低下させてしまうからです。

しかし、70代以上なら、私は無理してやめることはないと思います。

喫煙者と非喫煙者の生存曲線のデータを見ると、65歳を超えるとほぼ変わらなくなるからです。

喫煙によってガンや心筋梗塞になる人は、もっと早くに発症して亡くなっているとも考えられます。

受動喫煙の問題は残りますが、70代以上なら「絶対にダメ」というわけではありません。健康上の大きな不利益がないのなら、「人生を楽しむ」という観点から、がまんする必要はないというのが私の主張です。

歳をとればとるほど、感情の老化の予防には、強い刺激が必要になります。

前頭葉の老化によって弱い刺激には反応しにくくなっていることに加えて、人生経験があるだけに、多少のことでは心に響かなくなっているからです。

積み重ねてきた経験ゆえ、映画でもドラマでも先が読めてしまうことも増えてきますが、そうなると刺激が失せるだけでなく、興味や関心までも薄れてきます。

●ギャンブルには脳への効用もある

予想がつかず強力な刺激を与えてくれるものといえば、たとえば賭け事、ギャンブルが挙げられます。

日本でギャンブルとして認められているのは競馬、競艇、競輪、オートレースという4種類の公営ギャンブルだけです。このほか、パチンコや宝くじなどにもギャンブル的な要素はあります。

外国人観光客を集めるために、カジノを中心に宿泊施設や会議施設、テーマパークなどをつくろうというIR推進法が公布、施行されたのは2016年のこと。新型コロナウイルスの影響で現在は事業がストップしているようです。

私としては、カジノの利用は65歳以上に限るというアイデアがあってもいいと思っています。

若いうちからギャンブルに溺れてしまうのは問題ですが、歳をとってからは脳にもいいからです。

ただし、前頭葉が老化していると、ギャンブル依存症にもなりやすくなるので、そのチェックも含めて仕組みをつくることが必要でしょう。

人生を長く生きてきたごほうびとして、ほどほどに楽しんでいる限り、ギャンブルを禁止する必要はないと思っています。

「がまんはしないほうがいい」とは言っても、「人に迷惑をかけない」ことが大前提です。酒乱のようなアルコール依存症、周囲の人たちの受動喫煙、家族まで不幸のどん底につき落とすギャンブル依存症などは許容されません。

「シン・老人」とは、紳士的に節度は保った上での「がまんしない生き方」であることは、あらためて述べるまでもないでしょう。

第5章

愛される高齢者が備える「ボケカ」

ポイント
36

『老人力』が説いた朗らかに老いるコツ

赤瀬川原平さんの『老人力』がベストセラーになったのは、もう20年以上も前のことです。否定的なイメージとして捉えられていた老いを、一気にプラスイメージへと反転させることになった内容で、大反響となりました。たとえば……。

〈力を抜くには抜く力がいるもので、老人になれば自然に老人力がついて力が抜ける〉

〈力を抜くというのは、力をつけるよりも難しいのだ〉

〈覚えようとするものは忘れがちなものだが、忘れようとするものはなかなか忘れられない〉

こんな調子で、はっとするような〝名言〟が続きます。冗談を装いながらも真理が潜んでいる、そんな快著であり、「老人力」は流行語にもなりました。

赤瀬川さんの本で、老人力とは「物忘れ、繰り言、ため息等、従来ぼけ、耄碌として忌避されてきた現象に潜むとされる未知の力」などとされていました。

高齢になると、ものを忘れる能力や、つまらないことを気にしなくなる能力、つまり老人力は着実についてきます。

高齢化が一段と進んだ今、赤瀬川さんが提言した老人力は、ますます重要になっています。今こそ、読み直せば腑に落ちることがたくさんあるはずです。

認知機能の低下や身体機能の衰えにいかに向き合うかという「真の老人力」であり、「シン・老人力」の核心部分だと言えます。

この章では、私が長く高齢者を診療してきた経験から考える「朗らかに老いるコツ」を、快著『老人力』の表現にも重ねながら、紹介していきたいと思います。

みなさんは「自分は絶対に認知症になりたくない」とか「ボケてしまったらおしまいだ」などと思っていませんか？

実際、そう口にする方も多いのですが、認知症を恐れたり蔑視したりすることに意味はありません。

私は、長生きした人に幸せな晩年が訪れるように、「人間の脳にあらかじめ仕込まれたプログラム」と捉えたほうがいいように考えます。

認知症になりたくないと思っても、長生きすればボケは避けられません。85歳以上になれば、症状はなくてもアルツハイマー型認知症の変性が脳にあらわれない人はいません。「人間はいつかボケるもの」と覚悟しておく必要があります。

●ボケにプラスのイメージを育みたい

赤瀬川さんの『老人力』の時代はともかく、現代では「ボケる」という表現は、認知症に対して侮蔑的であるとして避けるのが一般的ですが、私はネガティブな言葉だとは思っていません。

脳の老化による自然な状態を表すものという認識です。

歳をとれば誰でもボケます。

レーガン元アメリカ大統領は、退任して5年後にアルツハイマー型認知症であることを告白しています。もう話が通じなくなっていた段階での公表でしたが、この病気の進行から考えると、在任期間中から症状があったと推察できます。

アルツハイマー型認知症の症状は、記憶障害や自分のいる場所や時間などがわからなくなる見当識障害が特徴ですが、軽度であればハイレベルの公務も務まるなど、一定以上に重くなるまでは今までどおりにできることが多いことは、ぜひ知っておいていただきたいと思います。

ボケることが避けられないのであれば、ボケに対してプラスのイメージを育むほうがはるかに前向きな生き方になってきます。気に病んで、後ろ向きになって暮らしたからといって、何ひとついいことはありません。

過去の嫌な記憶から解放されて、つまらないことにとらわれることもなく、楽しい思い出に浸って過ごすことができるなら、それはそれで幸せな時間ではないでしょうか。

ボケることで、そんなのんびりした時間を取り戻せるなら、認知症は慌ただしかった人生の最後に用意された、安息の時間ともいえそうです。

覚えられないのではなく、ものを忘れる能力がついたのだと考えれば、くすりと笑いながら受け入れられるのではないでしょうか。

ポイント37

「ボケて迷惑をかけるのが当たり前」の社会へ

アルツハイマー型認知症のほか血管性認知症、レビー小体型認知症、前頭側頭型認知症の4種が「4大認知症」として知られています。

国立長寿医療研究センターのデータでは、認知症の67・6％を占めるのがアルツハイマー型認知症で、脳の中にアミロイドβなどの不要なたんぱく質が溜まり、神経細胞が変性、死滅することで起こります。

脳梗塞や脳卒中、くも膜下出血など、脳の疾患が原因で発症する血管性認知症が19・5％、現実にはないものが見えてしまう「幻視」の症状が特徴的なレビー小体型認知症は4・3％です。

前頭葉や側頭葉の委縮によって起こる前頭側頭型認知症は、1％程度と少ないのですが、アクション映画『ダイ・ハード』シリーズの主人公役で知られるブルース・ウィリスさんが、この前頭側頭型認知症と診断されたことが明らかにされています。

前頭側頭型認知症はもの忘れよりも、性格の変化や異常行動が目立ちます。食べ物の好みが変わったり、万引きや痴漢といった犯罪を起こしたりというケースもあります。

この4大認知症のほかにも、発症する平均年齢が51歳前後という若年性認知症やアルコールの大量摂取が原因のアルコール性認知症などがありますが、歳をとればとるほど発症率が有意に高くなるのはやはりアルツハイマー型認知症です。

〈世の中には、いま認知症の人と、これから認知症になる人の2種類しかいない〉

これは以前、雑誌『クロワッサン』が認知症の特集を組んだときに掲載されていた言葉です。

強く印象に残って、思わずうなずきました。

認知症は年齢とともに急激に有病率が高くなることが知られています。

厚生労働省の報告書によると、80代後半であれば男性の35％、女性の44％、95歳を過ぎると男性の51％、女性の84％に認知症があるとされます。

日本人の平均寿命は男性が約81歳、女性が約88歳ですが、現在65歳の人の平均余命は男性が約20年、女性が約25年あります。

つまり大半の人は〝認知症ゾーン〟の年齢まで生きることになります。私たちはそんな長寿の時代を生きるのですから、従来とは違う、新しい人生観や「ボケ観」が必要になっています。

●短命だった時代の倫理観に縛られない

高齢者専門の病院に勤務していたころ、80代半ばの男性から「ボケは早い者勝ちですね」と言われたことがありました。この方は同い年の奥さんが認知症でした。早い段階で認知症に気がついて治療を始めたので、症状の進み方は緩やかで、食事の支度や掃除、洗濯などの家事も、ご主人が手を貸すとなんとかこなせます。

とはいえ買い物など、ひとりで外出すると帰ってくることができなくなるので、どこに行くにも一緒です。

「自分がボケたら頼むよ」

「任せなさい。ボケても私の言うことは素直に聞くのよ」

ご主人が定年になったとき、冗談めかしてそんな軽口をたたきあっていたそうですが、先に認知症を発症したのは快活で行動的だった奥さんでした。

「お茶を飲みながら妻と昔話をしていると、次から次へと思い出を話してくれるので、とてもボケているようには思えません。楽しそうに話す様子は、むしろうらやましくなるくらいです」

本当は自分が先にボケて、奥さんとのんびり昔話を繰り返すはずだったのに……と、先を越されたような気持ちになるのだそうです。「つくづくボケるのなら早い者勝ちだな、と思うのですよ」と語ったご主人の言葉が、今も印象に残っています。

ボケは、私たちの人生の最後に用意されているプレゼントだと受け止めても、なお「迷惑をかけたくない」と考える人もいるでしょう。

しかし、こうした息苦しい倫理観は、日本人がもっと短命だった時代のもの、効率を優先してきた「生産性神話」の残滓《ざんし》だと考えたほうがよさそうです。

短命だった時代の倫理観に縛られる必要はありません。

それまでの人生で、長年にわたってずいぶん頑張ってきたのですから、老いたら少しくらい迷惑をかけてもいいし、わがままになっていい。そう考えたほうが、ずっと楽に生きられます。

ポイント38

心も体も年齢を重ねると力が抜ける

赤瀬川さんの『老人力』には、こんな一節があります。

〈とにかく世間的な風潮としては、物を覚えたい、体力をつけたい、足どりをしっかりしたい、よだれは垂らさない、視力ははっきり、お話は簡潔に一度で、ということをモットーにしている。いわゆるプラス志向ということだけど、プラスが全部プラスになるとは限らないのだ〉

ここでいう「プラス志向」とは、「よい方向に考える」ではなく、「さまざまな能力をプラスする」、すなわち「能力を上げる」という意味で使われています。

ご承知のとおり成長を前提とする社会では、頑張って知力や体力を身につけることが、非常に重視されていました。

しかし、そうした場面でも老人力が必要なのだと、赤瀬川さんはプロ野球を例に力を抜くことの重要性を説きます。

プロ野球選手はみんな、一般人よりも圧倒的に体力も技術もある。しかし、ここぞという場面で監督は、選手に「力を抜いていけ」と声をかけるのだが、これがなかなか難しい。力んでしまって凡打が起こるのだ——というのです。

トレーニングによって力をつけることはできる、しかし力を抜くのは難しい。それが「老人になれば自然に老人力がついて力が抜ける」という説明です。

つまり「力を抜いていけ」とは「老人力でいけ」と同義である、と赤瀬川さんは考えました。

体を動かすときだけでなく、考え方でも「力を抜く」ことの大切さは、みなさんも言われたり感じたりしたことがあるのではないでしょうか。

現役時代、プレゼンや会議などで何度も経験したはずです。自分の意見を通そうとして力み返って主張したのでは、かえって反発を招いてしまい、受け入れられるものも受け入れられなくなります。

年齢を重ねると、心も体も、ムダな力が抜けてくるのだと肯定的に捉えると、明るい気持ちになれそうです。

ビジネスの場面では、議論の際に論理的な意見が求められるので、そうした思考を身につけようと頑張ってきたかもしれません。

ときとしてその頑張りがアダになり、ものの見方が偏ってしまったり、極端な考え方をしたりする原因になることがあります。

●理屈よりも自分の感覚を重視する

それが「不適応思考」とか「認知の歪《ゆが》み」と呼ばれるもので、現役世代の人が陥りやすいのが「二分割思考」と「完璧主義思考」の2つです。

「二分割思考」とは、「味方でなければ敵」「正義でなければ悪」などと、ものごとに中間を認めず、白か黒かで分けようとする思考パターンのこと。

ここに「100点でなければ0点と同じ」と考え、妥協を許さない「完璧主義思考」が合わさると、うつ病になりやすくなるとされています。

赤瀬川さんはこんなふうにも書いています。

〈老人力のまだない若年時代は、やはりどうしても論理に従う。論理を前に立てる。そうしないと怒られるんじゃないかとか、馬鹿にされるんじゃないかとか考えるんです。でも老人力がついてくると、まあいっか、というのが基本だから、論理で怒られたって別にいいというアバウト感覚で、芸術より趣味、思想より好き嫌い、平等よりエコ贔屓の路線で行けるようになる〉

そして、「理屈の正しさよりも、自分の感覚がいちばんということ」だと結論づけているのです。

高齢者は、この「自分の感覚がいちばん」に従って、わがままであることが大切です。繰り返し述べてきたとおり、それが心も体も元気で若々しくいる秘訣だと言えます。

ポイント39

長く続けてきたことはまだまだできる

「そうは言っても、認知症になったら〝老人力がついた〟などと笑って受け入れられない」と反発する人がいるかもしれません。気持ちはわかります。

私も、自分が認知症になった場合、どう生きようかと考えることがあります。

ただ、ここまで書いてきたとおり、認知症は脳の老化に伴う自然な姿なので、自分がそうなってしまうのも仕方のないことです。

認知症にかかると、それまでできていたことが何もできなくなると思っている方も多いのではないでしょうか。しかしこれは、認知症に対するよくある誤解です。

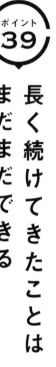

たしかに症状の進行とともに「できていたことができなくなる」という側面はありますが、「何もできなくなる」ということではありません。

「できなくなる」にしても、「それまでと同じようにはできなくなる」ということにすぎず、「まったく何もできなくなる」わけではないのです。

少し手伝ってもらったり、見守ってもらったりすれば「できること」はまだまだたくさんあります。


2021年に92歳で亡くなった長谷川和夫《はせがわかずお》さんは、認知症治療に長く取り組んだ精神科医です。認知症を診断する際の物差しである「長谷川式簡易知能評価スケール」を1974年に作ったことでも知られます。

その長谷川さんは、2017年には自らが認知症になったことを公表しました。当時、インタビューに応えてこんな言葉を発しています。

「この世に生きているうちは、社会や人様のお役に立てることは進んでやりたい。多くの人の支えや絆に感謝しながらね」

長谷川さんは、認知症の治療に取り組んできた経験を活かし、認知症に対する理解を広げる講演を生涯、続けたのです。

長谷川さんに限らず、医者や弁護士、政治家、俳優といった定年のない職業の人には、実は認知症だったという人が少なからずいます。

長い間培ってきた知識や技術といったものは、認知症になっても簡単に消えてしまうことはありません。

長く続けてきたことは、まだまだできる。

私が認知症になったとしても、できることは続けていきたい。

自分が認知症になることで、今よりもっと患者さんの気持ちがわかるようになると思います。実際、たくさんの医師が「病気をしたことで患者の気持ちがわかるようになった」と言います。

私も「ボケたからこそ、医者としてできることがあるはず」だと考えています。おそらく長谷川さんも同じ気持ちだったに違いないと推察するのです。

私の場合、医師としてできることをやっていきたいし、さらに執筆や映画制作など、創作活動を続けたいと思います。

とにかくできることをやり続けて、自らを進展させ、深めていく「シン・老人」でありたいと願っています。

ポイント40

ボケても「残存能力」は活用できる

認知症に無用な恐れをもったり、蔑視したりすることは、百害こそあれ一利もありません。マイナスなイメージをもっていると、認知症とわかったときに「できなくなること」だけを思い浮かべてしまいがちだからです。

「家事もできない」「ひとりで外出できない」「自分の身の回りのことができない」「できないことがどんどん増えていく」と受け止めてしまいます。

しかし、そうやって悲観的になってしまうと、できることがあってもふさぎ込んで閉じこもってしまうことになりかねません。これでは残っている能力（残存能力）も活用されなくなるため、脳の老化はさらに進みます。

何度か述べてきたように、脳であれ筋肉であれ、体は使わないと急速に衰えます。たとえボケても「残存能力」は活用したほうがいいわけです。

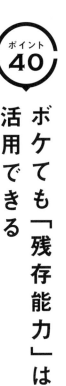

脳の変性によって起こるアルツハイマー型認知症の場合、その変性がどの部位でどのくらい強いかによっても、症状のあらわれ方が違ってきます。

一般的には知覚、記憶、思考などを司る大脳新皮質や、記憶に関わる海馬の萎縮が特徴なので、記憶力の衰えから始まることが多いのですが、裏を返せば「あまり萎縮の見られない部位も存在している」ということになります。

これが「それまでと同じようにはできなくなる」だけで「まったく何もできなくなる」わけではなく、それなりに残存能力が保持されるメカニズムとも考えられます。

つまり、ボケてきても脳にはまだ活用できる機能があり、一般の方が想像している以上にいろいろな能力が残っています。

さらに認知症の進行は、早期の適切な治療によって、ある程度は遅らせることが可能です。たとえ認知症と診断されたとしても、できることはまだまだある。心身とも、培ってきた能力は朽ちません。

それなのに「できないことばかりだ。もうダメだ」と否定的になって閉じこもってしまうと、残存能力を発揮する機会がなくなるため、ボケが進行してしまいます。

実際、ボケても元気な人、朗らかに生きている人は自分の残存能力を十分に活かしている人たちです。

野菜づくりの得意なおじいちゃん、おばあちゃんはボケてもいきいきと畑仕事をしています。体で覚えていることは不自由なくできるのです。子どもや孫、近所の人にあげて喜んでもらえば張り合いも出て、ますます元気になるでしょう。

ボケたとはいえ心身ともに健やかな「シン・老人」の望ましい姿です。

庭いじりであれ写真であれ俳句であれ、没頭してきた趣味がある人は多少ボケたくらいでは好きなことをやめません。仲間と語らって朗らかに過ごすことができますし、新しい友だちと出会うことも珍しいことではありません。

職業を通じて身につけた能力も同じです。たとえば営業の仕事を天職として長く続けてきたような人なら、人と関わるコミュニケーション能力を発揮するような機会をもち続けることも大切でしょう。

残存能力は人との関わりの中で強く発揮され、喜んでもらうとますます脳の刺激になるので元気が出てくる好循環が起こります。

ポイント41

認知症の進行が速い人と遅い人の違い

俳人の金子兜太《かねことうた》さんは、98歳で亡くなる直前まで、全国紙で投稿された俳句の選者を務めたり、主宰する俳句誌に寄稿したりしていました。

もちろん俳句も盛んに作っていますし、若い同人たちと議論を交わしていたそうです。

ところが、金子さんも認知症だったと伝える記事を読んだことがあります。

俳人としての活動を聞くと、認知症とは誤診ではないかと思うかもしれません。

しかし、たとえ認知症になっても、中期くらいまでは、長年にわたって磨いてきた能力や、もともと備わっている能力は、ほとんど衰えることなく保たれます。

金子さんも残存能力を存分に発揮して、活躍していたわけです。

みなさんは、そんなスーパー老人にはなれないと思っているかもしれませんが、それは違います。

診察室でずっと高齢者と接してきた私には、まったく同じようなスーパーぶりを発揮できなくても、近づくことは十分に可能だという実感があります。

大切なのは脳を使い続けること。と言うと、計算ドリルや漢字パズルなどを思い浮かべるかもしれません。

もちろん、それで楽しめればいいのですが、脳のトレーニングが目的になって「頭を使わなければいけない」「サボっているとボケてしまう」と、義務感で取り組むのはお勧めできません。

脳が喜ぶ頭の使い方とは、人と会うことです。親しい人、好きな人、ウマの合う人、同じ趣味の人などと会うのは楽しいものです。

そんな相手の考えを理解しようとしたり、気持ちを慮《おもんぱか》ったりしながら自分の考えを言葉にするのは、脳をフルに使うことになります。

親密になろうとする力は、コミュニケーションする動物である人間の持っている根源的な能力です。

笑ったり、楽しさを感じたりすることで、感情も大いに刺激されます。こうしたことはすべて、脳で老化がいち早く始まる前頭葉の刺激になります。

いわば脳が喜んで活発に働くわけです。

逆に言えば、「人と会わない」「出かけない」といった生活スタイルは、認知症の進行を速めます。「人に迷惑をかけるから外出しない」と考えて家にこもっていると、認知症はどんどん進むので、かえって迷惑をかけることになりかねません。

もうひとつ、「どうせ治らない」「もうおしまいだ」と悲観的になって、今できていることまで諦めてしまうと、認知症は速く進みます。

脳機能は同じくらいに衰えていたとしても、できることは諦めずに取り組む人や、やってみたいことがあると誰かの手を借りてでも挑戦してみる人は、諦めてしまう人と比較すると、認知症の進行ははるかに遅くなります。

ひとり暮らしの高齢者は、家族と同居している高齢者よりも、自分でしなければいけないことがたくさんあるので認知症の進み方が遅くなります。

このことからも「残存能力」はしっかり活用したほうがいいとわかるのではないでしょうか。

ポイント 42

「老い」にはいろいろな特権がある

赤瀬川さんは、〈眠る、忘れるということを可能にするのは、反努力の力である〉と書いています。

〈努力の反対、じゃあ怠けることか、というとちょっと違う。あえていうと、怠ける力、というより、努力しない力ということになるのか〉

として、その「努力しない力」が老人力の実体ではないか、というのです。

現役時代はずっと努力をしてきたわけです。高齢になってボケてきたように感じたなら「努力しない力」「サボる力」がついてきたのだと考えてみてはどうでしょう。

今まで、ほとんど全員が「やらなければならないこと」を優先させて、仕事でも家事でも勉強でも、精一杯の努力をしてきたわけです。

高齢になって体もだんだん思うように動かなくなってくる、もの忘れも増えて脳の老化を感じるようになってくる年齢は、こうした「やらなければならないこと」の義務感から解放される時期だと考えていいのではないでしょうか。

夫婦の場合、定年を機に「教わる・教える」「頼る・頼られる」の関係をつくってきましょう。

お互いに役割分担ができて、結果として自由な暮らし方ができます。支え合うけれども束縛しない関係は、高齢夫婦の理想と言えそうです。

今まで奥さんに任せきりだった家事も、実際にやってみれば案外面白く感じるかもしれません。

今まで体験していなかったことを、趣味であれなんであれ、チャレンジしてみましょう。子どものころに好きだったこと、たとえば絵を描くとか、模型づくりとか、興味のある分野の勉強とかを再開するのもいいですね。

誘われて面白そうと思えばやったことがなくても乗ってみましょう。

子どもはなんでも興味をもって、とりあえずチャレンジするもの。子どもに還った気持ちになりましょう。

ボケればどうせ子どもに還るのです。

すぐに忘れる。すぐに頼る。

楽しいことだけを追いかけます。

これらは子どもだから許されたことですが、老いの特権でもあります。

つまりわがままが許されるのです。

その特権を使うことなく、気難しい顔をしていたら、周りの人は気を遣うし本人も楽しくありません。

自分の楽しみを見つけて、放っておいても機嫌よくいられる高齢者なら、周りも安心して好意的に見守ってくれるはずです。

こうした「愛されるボケ」は、周りの人を幸せにする力をもっています。

人生の楽しさで歳を忘れてしまうことができたなら、理想の老後と言えるでしょう。

ポイント
43

「ボケ力」とは幸せに生きる力

ボケてから新たに備わってくる「ボケ力」というのは、たしかにあると思います。

認知症は、ある年齢になれば誰でも起こるひとつの状態です。決して不幸な病気でも悲しい病気でもありません。脳の老化が原因なので、今の医学では防ぎようがないのです。高齢になれば誰にでも備わってくる「ボケ力」は、赤瀬川さんが提唱した「老人力」そのものと言えそうです。

ボケてからの人生にも、さまざまな可能性が見いだせます。

たとえば遠慮がなくなります。「迷惑をかけてはいけない」「心配させてはいけない」といった、遠慮や配慮が薄れてくるのです。

私たちはみんな、子どものころから親や周囲の人を心配させ、手をわずらわせて成長してきました。大人になって社会に出ると、他人に何度も迷惑をかけてきたはずです。

やがて自分も、子どもの世話をしたり心配したり、他人に振り回されたりするようになります。

そうする中で「お互いさま」という気持ちを抱くようになったはずです。そして高齢期、また迷惑をかける年頃になったのです。

ボケることで迷惑をかけることなど気にならなくなります。気遣いや気苦労から解放されるためにボケが用意されているのではないでしょうか。私には、幸せに生きる力として、ボケ力が備わっているように思えてなりません。

長い人生では、イヤなことや恥ずかしいこと、心が傷つくことなどがたくさんあります。みなさんも、不愉快な経験を重ねてきたのではないでしょうか。

ボケてくるとそういった不愉快なことはみんな忘れてしまい、愛した人や好きだった人のこと、楽しかったことなど、幸せな記憶だけが残り続けます。

ボケ力は、誰でも人生の終盤に準備されている「人生を幸せ一色に塗り替える力」とも言えます。ただ、このボケ力は、同じように認知症になったとき、備わってくる人とそうでない人がいます。

その違いはなんでしょうか。

「自分はボケない」「ボケてまで長生きしたくない」と、拒《こば》んだり蔑《さげす》んだりする気持ちがあると、ボケ力によって幸せになることは難しいのです。

ボケを受け入れる気持ちになったとき、ボケ力が備わるのでしょう。

どんなにボケてもできることはあるし、できることを続けようとする高齢者は周りの人を幸せにします。従来の価値観を払拭し、今まで以上にボケを受け入れ、その状態を楽しむのが「シン・老人」のあり方です。

赤瀬川さんの『老人力』は、老いにまつわる否定的なイメージを転換し、そうした「愛される高齢者」「愛されるボケ」になるための高齢期の捉え方が書かれている、とも読めます。

こんな一節がありました。実に深遠です。

〈老人力とは、転んでもただでは起きない力のことである。というか、そもそも老人とは、人が間断なくゆっくりと転んでいく状態のことなのである〉

第6章

「シン・老人」がログセにしたい言葉

ポイント
44

「そのうちなんとかなるだろう」

人生が
長いことを
前向きに捉える

定年後を生きる人たちに、とくにお勧めしたいフレーズがあります。

植木等《うえきひとし》さんが「そのうちなんとかなるだろう」と歌っているのを聞いたことがあるでしょう。昭和39（1964）年にヒットした『だまって俺について来い』の、脳天気なくらい明るいサビの一節です。

「そのうちなんとかなるだろう」と口に出してみましょう。

老後は体力が落ちてくるし、記憶力も悪くなります。さまざまな機能が衰えていくため、ものごとを否定的に捉えるマイナス思考に陥りがちです。

しかし、このマイナス思考にとらわれてしまうと行動力が鈍り、前頭葉の機能は一段と衰えてきます。

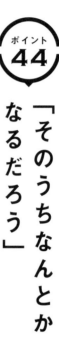

結果、意欲が衰え、ますます行動力が鈍り、さらに前頭葉が衰える負のスパイラルに入ってしまいます。うつ病の発症要因にもなってしまいます。

歳を重ねるほどプラス思考を心がけましょう。

その理由のひとつが、プラス思考をすれば脳内でドーパミンの分泌量が増えるからです。すると「楽しい」「幸福だ」と感じ、脳では前頭葉の動きが活発になって、思考力や意欲が高まります。

要するに、頭がよく働くようになります。

マイナス思考にとらわれそうなときは「なんとかなるだろう」と口に出してみることです。「行動を変えれば心も変わってくる」という行動療法の応用です。

日本を代表する稀代《きだい》の経営者として知られる松下幸之助《まつしたこうのすけ》さんは、社員採用の面接で「君は、自分は運がいいと思うかね」と尋ね、「運がいいと思います」と答えた人だけを採用したという伝説があります。

これは松下さんが、「人生では楽天主義が大切」と考えていた証左だと思います。

私は老後こそ楽天主義が必要だと思っています。

ポイント45

「とりあえず試してみるか」

新しい体験を増やしていく

私は週に二つ、1年間に100回ほどの〝初体験〟をすることを心がけています。

ほんのささやかなことでも1回にカウントします。

たとえばランチ用の弁当を買うとき、いつもの店ばかりではなく、ときどき初めての店で買っています。

あるいは散歩のとき、歩いたことのない路地を通り抜けてみたり、新しく開店したラーメン店に入ってみたりと、ささやかな〝初体験〟をするよう意識的に取り組むようにしています。

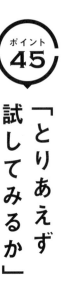

もちろん話題の新刊本や映画をチェックしたりもしています。

脳は見知らぬものを見たり、味わったりすると、活発に動き始める性質があるので、こうしたチャレンジを続けることが、私の前頭葉の老化も多少は遅らせているようにも感じています。

私自身、物書きのひとりとして、今どんな本が売れているかに以前から関心をもってきました。さらに、なぜその本が売れているのかも考えてきました。

こうした習慣が、人間の精神活動の中枢である前頭葉を鍛える恰好のトレーニングになっていたように思います。

前頭葉は新しい情報が大好きなので、よく売れている本やヒットしている映画、音楽などは知っておきたいし、今後も面白いと評判の作品は読んだり鑑賞したりしたいものですね。

後先のことはあまり考えず、「とりあえず試してみるか」と行動するのです。「新しい体験」が増えるほど、前頭葉を使う機会が増えていきます。

ただその体験が、決まりきって代わり映えのしない日常のルーティンになってしまうと、前頭葉が働かずに自己満足で終わってしまいます。この点については自戒する必要があります。

「日々に変化をつけること」を大切にしたいと思っています。

ポイント46

「ともかくできた」

失敗や悪い結果を気にしない

試したことの結果がよかろうと悪かろうと、「ともかくできた」と前向きに受け止めることも心がけてください。

大事なことは、何はともあれ「やってみた」という経験です。

それが後で「しまった」と思うようなことでも、「その先」を考えて動かない人よりもはるかに感情が刺激され、行動したことに対して気持ちが明るくなります。

たいていのことは「ともかくやってみよう」でなんとかなります。100%の満足はなくても、100%の失敗もありません。

定年退職後の生活は「だいたいうまくいけばいい」のです。

とりあえず動けた人は、それによって気持ちが軽くなったり楽になったりして、悪い結果が出ても意外に平気でいられるようになります。

「行動すれば心のありようも変わる」という行動療法のエッセンスは、60代以降の日常生活ではさまざまな場面で役立ちます。

誰しも歳をとれば、腰が重くなってくるものです。

「趣味のサークルに誘われたけれど、まだ返事をしていない」

「映画を観に行こうと思っていたけれど、今日は天気も悪いしやめておこう」

「歯医者さんの予約をしなければいけないのだけれど、つい日延べにしている」

などと、動きが悪くなりがちです。

面倒くさいと思ったり、「疲れるしお金もかかる」と後ろ向きな気持ちが湧いたりするのは、多くの人が体験していることです。

そんなためらいが生まれたときも、「ともかく」と口に出してみましょう。

「ともかく誘いに乗ってみよう」「ともかく出かけよう」「ともかく電話をかけよう」と、迷ったら「ともかく」をつけて自分に言い聞かせると、不思議に動きやすくなります。

それがきっかけとなって、明るい感情へとつながっていくはずです。

ポイント
47

「やらないよりマシ」

行動することをためらわない

高齢者は前頭葉の機能が低下することもあり、しばしば感情にとらわれやすくなります。怒りっぽくなるとか、何に対しても否定的になるとか、クヨクヨするとか、人それぞれでもともと持っていた性格が、先鋭化してきます。

そうした感情にとらわれていると人間関係が悪くなったり、「不適応思考」と呼ばれる考え方のクセから、うつ病を発症したり、悪化させたりしてしまいます。

つまり、感情をうまくコントロールする技術が高齢者では大切になってきます。

さまざまな負の感情に対してお勧めしたいのは、やはり「すぐに動くこと」です。

たとえば「行ってもどうせつまらない」「こんなことをしても解決にならない」といった悪い想像をすることがクセになっていませんか？

もしそうであれば、「やらないよりマシ」と口に出して動いてみましょう。動くことで気持ちが軽くなったり楽になったりします。

動くたびに、決めつけから自由になれます。

また、小さなことでクヨクヨする人は自分を責める傾向にあります。

たとえば友人との約束をドタキャンしてしまった場合などです。

自責的な人は「きっと怒っているだろうな。最初から断っておけば、こんなことで悩まないですんだのに……」と、自分の行動や態度を悔やんで、気持ちを切り替えることができません。

しかも「悪いのは自分だ」と考えると、萎縮して動けなくなってしまいます。


こうした場合、クヨクヨしないためには、災難を恐れずどんどん動くことです。動いた結果、ときには嫌なことも起こるでしょう。

「図々しい人だ」「反省していない」とか非難する人が出てくるかもしれません。

その一方で、必ずあなたをホッとさせてくれる人がいるものです。

内向きになってじっとしていたら、イヤな感情に満たされたままです。それよりも、「やらないよりマシ」と動くほうがはるかに感情にいい結果が得られます。

ポイント
48
「ちょっと出かけてみるか」

日光を浴びることを習慣づける

「しょぼくれ老人」への近道となる「意欲の低下」を防ぐために、お勧めしたいのが日光浴の習慣です。

脳内で、意欲と密接に関係している神経伝達物質、セロトニンは光を浴びると体内にたくさん作られるからです。

うつ病の治療法のひとつ、人工的な強い光を一定の時間浴びる「光療法」は、光を浴びることでセロトニンの分泌が増えるので、症状の改善に効果があります。

家にこもっていると鬱々とした気分になってくるものですが、光を浴びてセロトニンを増やしてやれば、やる気や意欲が出てきます。

「ちょっと出かけてみるか」と、一日に一度は部屋の外に出て、日中の明るい光を浴びる習慣をつけましょう。散歩でもスーパーへの買い物でもいいのです。15分くらい日光

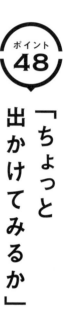

を浴びるだけで、高齢者の意欲減退を防ぐには効果的です。

定年後は通勤の習慣がなくなるので、意識的に外に出る習慣をつくってください。天気がいいのに一日中部屋の中にいることだけは避けましょう。

もっとも高齢になればなるほど、紫外線によるシミが残りやすいので、長時間、日光を浴びる必要はありません。日傘などの対策をして、スーパーへの買い物に行くくらいでも十分です。

さらに言うと、日光浴にお勧めの時間帯は朝です。

というのも、光を浴びてつくられたセロトニンが原料となって、睡眠ホルモンであるメラトニンが増えるからです。夜になるとセロトニンがメラトニンへと変換されるので、光を浴びてセロトニンをたくさん生成しておきましょう。

日中、私たちが活動するためには、逆にメラトニンの分泌を抑える必要がありますが、そのスイッチ役となるのが日光です。つまり、朝の光を浴びる生活はメラトニンの分泌や量を調整してくれるので、体内リズムは正常に保たれ、ぐっすり眠れるようになります。

ポイント 49

「わっはっはっ」

声を出して笑ってみよう

ストレスが溜まると交感神経が優勢な状態になって、血圧や心拍数が上がり、夜はよく眠れなくなります。一方で、消化器系の動きが弱まって食欲も落ちてきます。疲れる上、栄養状態も悪化するため、さらにイライラしてくる悪循環です。

自律神経は交感神経と副交感神経のセットで構成され、よく「交感神経はアクセル、副交感神経はブレーキ」にたとえられます。交感神経が優勢な状態とは、アクセルを踏みっぱなしにしているようなものです。うまくブレーキを踏まないと事故を起こしてしまいます。

ストレスによる交感神経の亢進《こうしん》（興奮）は、多くの病気の発症や悪化に関連していることがわかっており、脳卒中や心筋梗塞の原因になることは、よく知られてきました。

さらに近年はガンのリスクが高まるという研究結果も報告されています。

副交感神経を働かせてうまくブレーキをかけるには「話す」「笑う」「歩く」を心がけてください。

「話す」機会を意識して増やすと、脳内の神経伝達物質の動きが活発になります。

ＬＩＮＥなどＳＮＳを使いこなしている方も、昭和の時代に戻ったつもりで長電話をしてみましょう。

また、おかしくなくても「わっはっはっはっ」「あははははは」と声を出して笑ってみることも大切です。

大きく息を吸い込むことになるので副交感神経への刺激になり、心身がリラックスします。ガン細胞やウイルスを退治するＮＫ細胞が活性化して免疫力がアップします。

「歩く」ときは、ダイエット効果を求めてひたすら歩くようなウォーキングより、のんびりした「散歩」をお勧めします。

散歩道の街路樹など、四季折々の変化や一日の小さな変化を感じることで、脳はリフレッシュして活性化されます。

ポイント50

「なるほど」

まずは素直に受け入れてみる

高齢期には脳や体のさまざまな部位の機能が低下してくるので、今までの自信がどこかへと消えてしまいクヨクヨすることも増えるでしょう。

そのまま放っておくと、何ごとにも後ろ向きになって活動的でなくなってしまうので、さらに老化が進みます。

初期の「クヨクヨ」の段階では、「まだそんなことにこだわっているのか」「いい加減に元気を出せよ！」などと、励ましてくれる人がいるものですが、そのうち誰も声をかけてくれなくなります。

せっかく誘っても、愚痴やため息ばかり漏らしていたのでは「もう放っておこう」と周囲がなるのも仕方ないでしょう。

クヨクヨしがちな人に、最低限これだけは実践してほしい技術があります。

それは励ましに対して素直にうなずくことです。

「元気出せよ」「つまらないことは忘れなさいよ」と声をかけてくれる人がいたら、「そうだな」と素直に応じてみましょう。

「何を言ってるんだ。オレは元気だよ」などと強がったりすると、お互いに遠慮するなどして会話が続きません。

ぎこちなくなって居心地が悪い時間が続くと、結局「オレってダメだな」とクヨクヨに逆もどりしかねません。

ともかく「なるほど」と、まずは素直に受け止めてみることが肝心です。

ひとりでクヨクヨしている人は「声をかけてくれたけれど、迷惑だろうな」などと、他人の気持ちを先回りして決めつけてしまうことがあります。

そこから行動をセーブしたり、ためらったりするわけですが、励ましに対して素直に「なるほど」と受け入れることで、その決めつけからも抜け出せます。

励ましてくれる人がいるうちは大丈夫です。

自分から素直になれば、そこからクヨクヨの状態を抜け出せるのです。

ポイント 51

「それもそうね」

意に沿わない相手の反応を受け止める

夫婦同士であれ、友人であれ、相手が自分の思うような反応をしてくれるとは限りません。

「面白がってくれると思ったのに、否定的に反論された」

「聞いたことに答えないで、自分の言いたいことだけ言っている」

よくあることですが、年齢を重ねると、それだけで腹を立てたり、イヤな感情にとらわれたりしてしまう人が増えてきます。

人間関係が悪くなったりすることもよくあります。

一方で、明るい感情をもつ人は、相手が期待とは違う反応をしたときでも、ひとまず「それもそうね」と受け止めることができます。

重要な問題で納得がいかないときには、もちろん大いに議論してかまいません。

しかし、ほとんどは「どの店でランチをするか」とか「テレビの感想」といった、他愛ない話題です。

「それもそうね」とうなずいても困ることではありません。


大切なのは、自分の感情を滞らせないことです。

「どうして？」

「面白くない！」

「いつだってそうなんだから……」

などと、イヤな感情にとらわれてしまうと、自分のネガティブな気持ちとだけ向き合うことになるので、いつまでも不機嫌が続いてしまいます。

「それもそうね」と口に出して切り替えましょう。

そうすることで気持ちは外向きになり、感情はコントロールされて、また相手とのもとの会話に戻ることができます。

ポイント52

「手伝ってくれない？」

無理せず
早めに
助けを求める

「がまんはしなくていい」「わがままであれ」と勧めても、やはりギリギリまでがまんしてしまう人はいます。

「自分さえがまんすればいいのだから」が習い性になっているケースは、家庭内や友人関係によくあります。

定年後、新たに始めた仕事上でも起こり得ます。

「友人のわがままに私だけ一方的に振り回されている」

「まだ慣れないのに大量の仕事がある」

といった場合、ギリギリまでがまんしていると、限界に達したときに怒りが爆発するかもしれません。

そうなる前に「手伝ってくれない？」と率直なヘルプサインを出しましょう。誰かが困っていることについて、周囲は驚くほど気づいてくれません。

そうは言ってもヘルプサインを出せないからがまんしているという人もいるでしょう。ヘルプを求めることは、落ちぶれた自分を認めることになると思っているのかもしれません。

そんな人の口グセに「大丈夫」があります。

「大丈夫?」と聞かれると、「大丈夫!」と答えてしまうのです。

そう答える人の中には、相手の言葉を素直に受け止めない人もいるはずです。「どうせ口先だけだ」「やさしいふりをしているだけ」と捉える、ひねくれた受け止め方です。

でも、案じてくれる人の言葉は素直に受け止めましょう。


ヘルプサインから始まる信頼関係があります。新しい人間関係は、案じてくれる言葉を素直に受け止めることから始まります。

「偏屈な老人」とはよく聞く言い方ですが、歳をとったらどのくらい素直になれるかで、幸せの度合いが決まるように思います。周囲からの励ましへの受け止めであれ、「困っている」の発信であれ、素直を心がけましょう。

ポイント
53

「いいことがあるぞ」

ささやかな吉兆を見つけて喜ぶ

気持ちが明るくなり、前向きになるには、ものごとに対してまず「いいこと」を考えることです。

どうなるかわからない結果についても、悪い想像ではなく、いい想像をする。そうすることで行動は積極的になり、考え方は楽天的になります。

これは脳にも心にもとてもいいことです。

おそらく人間は、経験的に「いいこと」を考えるメリットを知っている存在なのでしょう。明るい気持ちを保つために、言い伝えなどにしてさまざまな知恵を生活に持ち込んだのだと思います。

一例を挙げれば「茶柱が立てばいいことが起こる」。湯飲みの中にお茶の茎《くき》が縦になって浮かんでいる状態は、お茶を入れるたびに起こるわけではありませんが、非常に珍しいわけでもなく、ときどき見ることができます。

そんな些細《ささい》な出来事でも、「いいことがあるぞ」という吉兆と決めてしまえば、朝の一杯のお茶から、一日を気持ちよく過ごすことができるのです。

日常の些細な出来事を、「いいこと」の兆《きざ》しと見るか「悪いこと」の兆しと見るかで一日はずいぶん違ってきます。

先を急いでいるとき、目の前の信号が赤になってしまった場面。いつもなら青信号なのに、急いでいる今日に限って赤信号となれば、ただの偶然でも「悪いこと」のように受け止めてしまうかもしれません。

不安なときには「悪いこと」と受け止めやすくなるものです。

こんなときは考え方を変えましょう。赤信号は「止まれ」「先に進むな!」ではなく「休め」「一息入れよう」という合図です。

こんな考え方もできます。

もし「いいこと」と「悪いこと」が半々で起こるのが人生なら「悪いこと」をすぐに忘れてしまう人は、結果として「いいこと」が増えてきます。つまり積極的で楽天的な人になれるのです。

ポイント
54

「頑張ってきたな」

自分の過去を肯定する

人間は長所より短所に目がいくものです。放っておけば「悪いこと」ばかり目についてしまいます。

歳を重ねれば重ねるほど、心身の衰えの影響などもあり、なおさら短所に目がいきがちです。

それを避けるためにも「頑張ってきたな」と過去の「いいこと」に、意識的に目を向けることも重要です。

具体的に、自分の過去の「いいこと」を紙に書き出してみてもいいでしょう。

これはうつ病などの精神療法（認知療法）でもしばしば用いられる、効果的な方法です。

今のあなたにはどんな「いいこと」が、どのくらいあるでしょうか。

「ほどほどに健康である」

「持病はあるけれども一病息災」

「定年退職して退職金がある」

「小さいながら持ち家で、ローンも完済した」

「学生時代からの親友がひとりいる」

「子どもが2人いる」

「料理が得意」

もっとあるでしょう？

「車を所有している」「大卒である」「仕事を通じてそれなりの知識や人脈もある」といったことを忘れていませんか？

個人的な「いいこと」も挙げましょう。

「話し好きである」「歴史小説が好き」「ゴルフのハンディは14」「人づきあいがいい」「禁煙して30年」など。

今まで気づかなかったことや、とくに「いいこと」とは思わなかったこともリストにしてみると、「自分も満更ではない」と思うようになるはずです。そう思えたら、すでに「いいこと」が起こっています。

ポイント
55

「そんなはずはないだろう！」

扇動的な情報には迎合しない

「頑固ジジイ」という悪口があるように、歳をとると頑固になってきます。前頭葉が老化してくるため、変化に対応できなくなるからです。

その一方で、テレビが発信する扇動的な情報や、自分が信奉している人の発言をうのみにしてしまう傾向が強くなってきます。

これは「曖昧さに耐える能力」が低下してきて、明快に決めつけられたほうが安心するからです。

やはりこれも前頭葉の老化が背景にあり、ものごとを複雑に捉える力が弱まっているゆえの変化です。

そのため、テレビのコメンテーターたちが断定的に正しそうなことや立派なことを言うと、ものすごく素直に「そうだったのか」と納得してしまうのです。

水戸黄門が印籠《いんろう》を出すと解決するような、単純な「勧善懲悪ドラマ」を好むようになるのはご愛敬ですが、占い師に頼って財産の管理まで任せてしまうようなケースも起こります。

コメンテーターなどの歯切れのいい物言いに、すぐに「そうだったのか」と納得してしまうのは思考が老化している証拠です。

ヘンだと思うことには「そんなはずはないだろう！」とツッコミを入れ、自分なりに考える習慣をもつべきです。

思考の老化を防ぐ効果的なトレーニングにもなります。

何にでもケチをつけろという意味ではありません。

テレビの情報番組にありがちな決めつけを、漫才のボケのセリフとして捉えて、

「それは言い過ぎだろう」

「例外があるはずだ」

などとツッコミを入れるわけです。

疑問を抱くだけでも十分ですが、「こうかもしれない」「あんなふうにも考えられる」と考えられるようになれば、さらに思考の老化を防ぐことができます。

ポイント56

「やっぱり自分は……」

意見を変えることをためらわない

一般的に、主義主張を曲げないのは立派なことで、意見が変わる人間は信用できないと思われがちです。たしかに「長いものには巻かれろ」式に、損得勘定からコロコロと意見を変えるような人は信用されません。

しかし、間違いに気づいたり、自分には合わなかったりした場合、「やっぱり自分は……」と意見を変えられる人は、自説に固執して誤りを認めない人よりも、ずっと立派だと思います。

たとえば日本で高齢者人口が7％を越え、高齢化社会になった1970年、平均寿命は男性69・31歳、女性74・66歳でした。

このころの老人の常識を現代に当てはめることはナンセンスです。

同様に、人口も増加基調で景気のよかったころの経済理論を、今の高齢化が進んで人口が減少していく局面で頑固に主張するとか、当時の家族制度こそ日本の美徳だなどと論じても意味はありません。

もちろん多数派に迎合するという意味ではありません。

これまでの理屈では通らないと思ったときは、自分の主義主張やかつての発言に縛られない柔軟性こそ大切なのです。

それには前頭葉を若く保ち「かくあらねばならない」という思い込みから自由になっておくことが必要です。

ここまで述べてきた私のお勧めなどを〝やらないよりマシ〟とでも試してみて「やっぱり自分には合わないな」と思ったら、さっさと止めるべきです。

統計的なデータや十分な経験則を踏まえても、読者の100%に当てはまるとは限らないからです。

ですから私は、自分の考え方や方法論だけが正しいとは言わないし、反論も歓迎しています。

何かを試して、それがダメなら別な方法を試すという「試行」を重ねているのです。

それが幸せにつながる柔軟な生き方だと、私は日々、実感し続けています。

終章

ジャパン・アズ・ナンバーワンを取り戻す

現代の高齢者は、仕事でも恋愛でも「欲望を実現すること」がよしとされたバブルの時代を過ごし、お金を使う楽しさを知っている人たちです。それだけに人生を楽しむ術《すべ》は心得ています。

ことに団塊の世代は、時代の価値観を変えてきた人たちです。人口のボリュームゾーンでもあり、この人たちの動き方ひとつで、日本には大きなうねりが起こります。高齢者が力を発揮することで、日本の社会がいい方向へと変わる可能性が高いのです。

ときどき私は「日本人は『税金』ではなく今でも『年貢』を納めているのではないか」と思うことがあります。というのも、本来の税金とは教育や医療費、失業対策などのために納めておいて、必要なときに納税者が「元を取る」ものです。海外の場合、元を取らせない政権は選挙で負けるのが通例です。

ところが日本の場合は、「お上」が取り上げたお金を勝手に使っている印象が拭えません。多くの国民は、「年貢」だから仕方がない、自分たちには返ってこないのが当たり前だとでも思っているようです。

福祉とは受益者個人のためだけに行われるものではありません。

肉体が衰えてきたときに備えて、できるだけお金を貯めようとするのは「人に頼ってはいけない」「自己責任だ」と考えているからでしょう。しかし、その意識が強いために消費不況が起こり、結果として国や社会が貧しくなる恐れがあります。


「依存しないこと」は美徳でも大切なことでもありません。「シン・老人」たる高齢者のみなさんにお願いしたいのは、「成熟した依存」ができるようになることです。

たとえば、他人に何かしてもらったとき「ありがとう」とひと言返すと、相手の自尊心が満たされます。一方が依存しているようでも、相手も心理的に満たされ、目に見えない「いいこと」が連鎖しているのです。

介護サービスを受けることも同様です。他者に依存することで雇用が生まれ、家族の負担が減ります。依存することで全体では帳尻が合っている、世の中はそうやって回っていると考えてみましょう。

介護サービスの現場は薄給で人手不足と言われますが、たとえば税金の使い方としてこんな提案もできます。

●90歳以上の6割が認知症になる

ご存じのとおり、新型コロナウイルスへの対策として国から莫大《ばくだい》なお金が投入されました。

国民や企業、医療機関などへの給付金や助成金、ＧｏＴｏトラベルなどさまざまな関連事業のため、国が計上した金額は２０１９〜21年度で約94兆５０００億円に上ります。東日本大震災の復興予算が10年間で約32兆円とされているので、その３倍という膨大な金額です。

介護の現場で働く人の賃金だって、本気になればもっと上げられるはずです。約２００万人と言われる介護職員の年収を１００万円上げたとしても2兆円ほど。年収にして３００万円平均から４００万円平均へと増額すれば人手不足も解消していくでしょう。

今の高齢者は、懸命に働いてお金を稼ぎ、納税して社会貢献してきました。「これまでの人生で、社会に貸しをつくってきた」とも言い換えられます。

そして今の高齢者たちのニーズが満たされていく、満たしていくことで、日本経済や社会の仕組みが変わる可能性は大きいのです。

作家の赤瀬川原平さんが「ボケた」「耄碌した」などと言わずに、「老人力がついてきた」と言い換えることを提案したことは先に紹介しました。「老人力」とは「歳をとることで得られる新しい力」です。昔なら怒ったようなことにも腹を立てなくなったとか、歳をとって超越できるようになったことを慶賀しようという呼びかけでした。

実は、多くの人が恐れている認知症は「老人力」そのものです。本来、認知症は多幸的で、嫌なことはすぐに忘れるし、重くなればなるほどニコニコしています。

長く生きていれば誰でも認知症にかかるリスクがあり、70代後半になると12〜14%、80代以降はその比率がどんどん上がります。85歳以上になると、ボケていなくてもアルツハイマー型認知症の変化が全員にあらわれていることも紹介しました。

90歳以上では6割が認知症と言われています。つまりボケたくないと思っていてもかなりの確率でボケることは避けられないのです。

とはいえ、もし認知症になっても絶望する必要はまったくありません。認知症と診断されてからでも、普通の生活を送っている人はいくらでもいます。

●認知機能の衰えは「シン・老人力」のひとつ

大切なことは、「できることをやめないこと」です。

とくに初期の間は、それまでと変わらない生活を送ることが認知症の進行に歯止めをかけます。中期以降も「できること」を続けることで、進行が穏やかになります。

反対に認知症の進行を速めてしまうのは、脳や体を使わなくなるときです。

人間の日常生活は実に複雑なので、日常生活のレベルを落とさずに頑張って継続するだけで、十分に「ボケの進行防止」になるのです。

認知機能の衰えは「シン・老人力」のひとつと捉え、できることを続けましょう。

もっとも効果が高いのは他人との会話です。会話は、相手の言ったことを理解し、瞬時に何かしらの反応を返さなければならないという非常に高度で知的な作業なので、強制的に頭が回転するのでしょう。

声を出すこと自体にも、ボケ防止の効果があるように感じます。私が診ているアルツハイマー型認知症の患者さんのひとりで、長年、趣味として詩吟を続けている方の場合、常に声を出すことが習慣づいているせいか、症状の進行が非常に遅いのです。

カラオケや合唱など、声を出す趣味をもっておくと、ボケ防止のよい手段になるかもしれません。

そして、これも繰り返しになりますが、元気に80代、90代を過ごし、健やかな100歳を迎えるために必要なのは「がまんしないこと」です。

とくに60代以降の日本人にとって、老化のスピードを加速して不健康に追いやる元凶は「がまん」です。「面白く、楽しく暮らす」ことが免疫力を高め、肺炎などの感染症やガンなどを遠ざけてくれます。

●「高齢者を守る」より「高齢者が楽しむ」を

世界でもトップクラスの超高齢社会を迎えている日本には、こうした個人レベルのさまざまなノウハウから社会として変革していくべき課題まで積み上がっています。

そこに暮らしている「シン・老人」たちが従来の〝お年寄り〟と大きく違うのは、「いつまでも人生を楽しみたい」と思っている点です。しかし、高齢者が「楽しむため」の商品やサービスがまだまだ提供されていません。

シニア向けというと介護や健康といった「高齢者を守るため」の分野ばかりが目について、グルメや旅行、エンターテイメントという「高齢者が楽しむため」の分野は、ほとんど手がつけられていないのです。

先見性のある会社はすでに着手しています。

たとえば、顧客の年齢層が中高年以上の人たちだった通販事業のジャパネットたかたは、いち早く豪華客船の旅「ジャパネットクルーズ」を実施し、好評を博しています。

私がしばしば宿泊する星野リゾートは、客層の多くをミドルやシニア世代が占めています。明確にシニア向けと標榜《ひょうぼう》はしていませんが、高齢者を大きなターゲットとみなしているはずです。

しかし、これだけ多くの商品やサービスが日々、生み出されるなかで、高齢者が楽しめる「新しいこと」に目を向けている企業はまだ多くありません。

「高齢者を守るため」ではなく、「高齢者が楽しむため」のデジタルツールやテレビ番組の企画は、もっと出てきてもいいと思っています。

ものづくりやサービスに関連する企業の人たちが、前頭葉を最大限に働かせて、優れたアイデアを創出していくことに期待します。

1980年代、経済力で世界を席巻した日本ですが、2020～30年代は高齢社会のモデルケースとして世界を牽引《けんいん》する可能性が高い、と私は考えています。

「シン・老人」たちの「シン・老人力」という新たな価値観がもたらす「ジャパン・アズ・ナンバーワン」は、決して夢物語ではありません。

100年後には、かつて没落の危機にあった日本にあらわれ、国を救った「神《シン》・老人」と評価されているかもしれません。

そうした時代が迎えられるように、私も引き続き活動していきたいと思います。

あとがき

少子高齢社会が問題視されてから、かなりの時間が経ちました。

少子化対策については、さまざまな議論が交わされ、相当なお金もつぎ込まれているわけですが、うまくいくかどうかはわかりません。

たとえうまくいったとしても労働力に算入できるようになるのに20年はかかることや、かなりの教育予算をつぎ込まないといけないことは、ほとんど議論されません。

現在起きている労働力不足、そして30年以上も続く消費不況の解決には、少子化対策の成果待ちだと、20年以上はかかるということになってしまいます。

実は、2つの問題を同時に解決する方法があります。

高齢者に元気になってもらい、労働力として活用できる人の割合を増やすことと、思い切り消費をしてもらうことです。これによって、子どもの数が増えなくても、労働力不足も、消費不況も一挙に解決できるはずです。

ただ、これはそんなに簡単なことではありません。

というのは、これから高齢者のさらなる高齢化が進み、後期高齢者の割合や85歳以上の人の割合が増えていきます。年齢を重ねるほど要介護者の比率や認知症になる割合が増えるのです。

たとえば、65〜69歳では認知症の人は４％もいませんが、85〜89歳では、40％を超えています。

２０２０年時点で要介護や要支援の認定を受けている人は６８２万人ですが、さらなる高齢化のため、それが２０４０年には９８８万人になると推定されています。

高齢者をヨボヨボにしない、元気でいてもらうことが少子化対策以上に重要な施策であるはずなのに、国はその真逆のことをやり続けています。

たとえば、統計に基づかず、高齢者が交通死亡事故を起こせば、高齢者に免許返納を迫り、認知機能検査の点数が悪ければ、免許を取り上げるようなことを平気でします。これによって、６年後の要介護リスクが2倍以上にもなるというデータが明らかになっているというのに。

また、コレステロール値が高めで、やや太めの体型の人がもっとも元気で長生きというデータがいくつも明らかになっているのに、メタボ対策と称して、高齢者をやせさせ、栄養不足を誘発しています。

さらに、呼吸器内科、消化器内科、循環器内科というように、臓器別の診療が50年にわたって改まることなく続いていることも問題です。

高齢者はいくつも病気を抱えることが多く、各々の科から数種類の薬を処方されて、合計で10種類以上もの薬を飲まされることがざらになっているからです。


それもこれも、国が高齢者の実態をよく把握しないままに医療政策を推し進めているからだと、私は考えます。

動物実験ばかりをやってきて、ろくに臨床をやっていない大学教授たちが集まる審議会の意見を真に受けているのです。

これが顕著にあらわれたのが新型コロナウイルスの自粛政策でした。高齢者を診ていない感染症学者の意見を中心にコロナ対策が行われたため、欧米の常識では考えられないほど長期の自粛政策が続いてきました。

外に出ない、歩かない、人と話をしないということが長期に続けば、身体機能や認知機能はどんどん衰えます。

そういうことがまったく考慮されずに、中途半端な自粛解除を行いましたが、高齢者が外に出る機会はなかなか増えず、今後の大きな課題となるでしょう。

政治に頼っていては、高齢者はヨボヨボになるばかりです。

ですから、自分たちで生活を変えて、なるべく長い間、元気でいて、心身が衰えた後も老いと上手につきあって生きる新たな老人＝シン・老人を目指そうというのが本書の趣旨です。


私には立派な肩書きはありませんが、6000人以上の高齢者を診てきた経験があります。高齢者が年齢の重ね方について自身の判断だけで理想を描けるかというと、難しいところがあります。80歳の人でも85歳の老人になるという経験がないからです。

ですから、医者として高齢者を知り尽くしてきた私の主張に耳を傾ける人が増えているのではないでしょうか。

政治家だけでなく経営者たちも、高齢者のことを消費者ともシン・老人ともみなしていません。

私は幸運にも2022年でいちばん売れた本を書くことができたわけですが、それによって、多くの執筆依頼があるものの、企業から高齢者向けのサービスや商品開発などの相談や協力の依頼を受けたことは一度もありません。

高齢者がお金を使わないのはケチだからではなく、企業が高齢者にとって魅力あるサービスや商品をつくっていないからだ、というのが私の一貫した主張です。


政治や企業が高齢者に目を向けていない現状がある以上、本書で綴ったようなシン・老人になることが、みなさんの今後の生活の質を上げるカギになると、私は信じています。みなさんがお金を使うことで、政治や企業の態度が改まるかもしれません。

シン・老人が増えれば増えるほど、日本の活力も経済も間違いなく上向きになるでしょう。みんながぜひシン・老人になってほしい。私もそうなるつもりです。

末筆になりますが、本書のような奇書の編集の労をとってくださった、小学館サライ編集室の五反田正宏さんと坂達也さんにはこの場を借りて深謝したいと思います。

２０２３年６月　和田秀樹

参考文献

- 『「新老人」を生きる 知恵と身体情報を後世に遺す』
（日野原重明・著／光文社）
- 『生きかた上手 新訂版』
（日野原重明・著／ハルメク）
- 『日野原重明の世界』
（「新老人の会」・編集協力／中央法規出版）
- 『新老人の思想』
（五木寛之・著／幻冬舎新書）
- 『老人力 全一冊』
（赤瀬川原平・著／ちくま文庫）

和田秀樹 わだひでき

精神科医。1960年、大阪府生まれ。東京大学医学部卒業。東京大学医学部附属病院精神神経科助手、米国カール・メニンガー精神医学校国際フェローを経て、現在は川崎幸病院精神科顧問、ルネクリニック東京院院長などを務める。

高齢者専門の精神科医として、30年以上にわたって高齢者医療の現場に携わっている。

著書に『80歳の壁』『70歳が老化の分かれ道』など多数。

装丁・本文デザイン　小口翔平＋阿部早紀子＋嵩あかり(tobufune)
編集協力　五反田正宏(五反田制作所)

シン・老人力

2023年 7 月 3 日　初版第 1 刷発行

著者　和田秀樹
発行人　大澤竜二
発行所　株式会社小学館
〒101-8001
東京都千代田区一ツ橋2-3-1
編集　03-3230-5535
販売　03-5281-3555

印刷所　図書印刷株式会社
製本所　牧製本印刷株式会社

ISBN978-4-09-389117-2